企鹅经典文库

书的故事

［苏］伊林 著

田浩 译

天 地 出 版 社 ｜ TIANDI PRESS

图书在版编目（CIP）数据

书的故事 /（苏）伊林著; 田浩译. —成都: 天地出版社，2024.1
（企鹅经典文库）
ISBN 978-7-5455-7536-1

Ⅰ.①书… Ⅱ.①伊… ②田… Ⅲ.①图书史—世界—通俗读物 Ⅳ.①G256.1-49

中国版本图书馆CIP数据核字（2022）第250325号

Simplified Chinese edition copyright © 2024 by Tiandi Press in association with Penguin Random House North Asia. All rights reserved.

本书仅限中国大陆地区发行销售

® "企鹅"及其相关标识是企鹅兰登已经注册或尚未注册的商标。
未经允许，不得擅用。
封底凡无企鹅防伪标识者均属未经授权之非法版本。

SHU DE GUSHI
书的故事

出 品 人	杨　政
作　　者	［苏］伊　林
译　　者	田　浩
责任编辑	王筠竹　杨　露
责任校对	曾孝莉
封面插画	walnut
装帧设计	索　迪
责任印制	王学锋

出版发行	天地出版社
	（成都市锦江区三色路238号　邮政编码：610023）
	（北京市方庄芳群园3区3号　邮政编码：100078）
网　　址	http://www.tiandiph.com
电子邮箱	tianditg@163.com
经　　销	新华文轩出版传媒股份有限公司

印　　刷	北京盛通印刷股份有限公司
版　　次	2024年1月第1版
印　　次	2024年1月第1次印刷
开　　本	830mm×1110mm 1/32
印　　张	3.75
字　　数	78千字
定　　价	19.80元
书　　号	ISBN 978-7-5455-7536-1

版权所有◆违者必究

咨询电话：(028) 86361282（总编室）
购书热线：(010) 67693207（市场部）

如有印装错误，请与本社联系调换。

目录
Contents

上 篇

第一章	有生命的书	3
第二章	会说话的图书馆	6
第三章	备忘录	10
第四章	会说话的东西	15
第五章	图画里的故事	17
第六章	失踪的探险队	21
第七章	神秘的文字	28
第八章	字母之旅	38

下 篇

第一章	永恒之书	57
第二章	带之书	64
第三章	抄写员的故事	71
第四章	蜡之书	75

第五章	皮之书	80
第六章	纸的胜利	92
第七章	书的命运	110

上 篇
Volume I

在任何一个民族中，讲故事的人都曾经存在过。

第一章　有生命的书

世界上的第一本书是什么样子的？

它是印刷出来的，还是手写的？是用纸张制成的，还是用其他材料制作的？如果这本书还存在，要在哪个图书馆里才能找到呢？

传说曾有这样一位古怪的人，他寻遍了世界上所有的图书馆，就为了找到那第一本书。他没日没夜地泡在那些泛黄发霉的旧书堆里，衣服和靴子上落满了厚厚的灰尘，就像被尘土覆盖的巷道。后来，他从一把高高的梯子上摔了下来，死在了书架旁。但他即使再活一百年，也不会有任何收获。因为那第一本书早在他出生前的千百年岁月间就烂在了泥土里。

其实，世界上的第一本书完全不同于我们熟悉的现代书籍。它有自己的手和脚，不会老老实实地躺在书架上，它会说话，甚至会歌唱。它是一本有生命的书，这本书就是人。

很久以前，这个世界上不存在任何文字，也没有纸张和笔墨，人们既不能读，也不能写。在那个时代，所有的故事、律法和思想都不是记录在书本里的，而是保存在人的记忆中。这些记忆经过一代又一代人的口耳相传，得以保留下来。因此，我们把这些留存下来的记忆称为"传说"。

由于是口耳相传，这里加一些，那里减一些，所以人们听到的故事难免会走样。而时间又将这些故事进一步精练，削去棱角，就像河里的石头不断经受着水流的打磨。例如，一位英勇将领的事迹在流传过程中就可能被演义成神话，在那里，英勇的将领变成了刀枪不入的勇士，他能像狼一样在森林里奔跑，像鹰一样在天空中飞翔。

在我们国家的北方，现在在民间依然生活着一些讲故事的人，他们讲述着一些从未有过文字记载的传说，其中就包括那些关于勇士们的神话。可以说，在任何一个民族中，讲故事的人都曾经存在过。

在古希腊，描写特洛伊战争的史诗《伊利亚特》和《奥德赛》[1]一直都是以口头吟唱的方式流传着。直到很久以后，人们才用文字把它们记录下来。

古希腊人把那些讲故事的人称为"游吟诗人"，在举办

---

[1] 这两部作品也统称为《荷马史诗》，为古希腊盲诗人荷马根据民间流传的短歌编写而成。（书中所有注释均为译者注）

宴会时，他们往往是最受欢迎的人。一般的场景大致是这样的，一位游吟诗人坐在一把雕刻精美的椅子上，背靠着一根高高的圆柱，竖琴就挂在他头上方的钉子上。宴会行将结束时，人们酒足饭饱，撤下杯盘，等待着音乐的响起。这时，游吟诗人取下自己的竖琴，拨动琴弦，开始吟唱英明的国王尤利西斯和勇敢的战士阿喀琉斯的故事……

但是，无论游吟诗人的歌声多么优美，也依然比不上我们的书籍。现在，随便花上几个钱，我们就可以在书店买到一本《伊利亚特》，往书包里一放，它不求吃喝，也不会生病，更不会死掉。

说到这里，我又想起了另一个故事……

第二章　会说话的图书馆

在古罗马时代，有一位名叫伊特里乌斯的富商住在罗马城里。他拥有无尽的财富，他的宅邸富丽堂皇，大到几乎可以容得下整个罗马城的居民。

伊特里乌斯非常喜欢大摆筵宴，他每天都要邀请三百人来家里一同用餐。他会摆上整整三十张桌子，用最精美的菜肴来宴请他的客人。但是，按照当时的习惯，招待客人只有美食是不够的，主人还要在席间用幽默又富有智慧的谈吐和宾客们分享自己的故事。

伊特里乌斯虽然富可敌国，但他仍有一个很大的不足之处——读书太少，他无法用高雅的词汇和客人们交流。在他的宴会上，人们往往是一边满意地享用着美酒佳肴，一边又带着嘲讽的眼神看着他。伊特里乌斯偶尔也会讲些只言片语，但他发现，他说话时人们不是在认真地倾听，而是在努力地憋笑。

他再也无法忍受这种情况了,但又太懒惰,不愿意坐下来专心读书。他想了很久,终于想出了解决问题的办法。他吩咐管家从他的众多奴仆中挑选出两百个最聪明的来,然后要求他们每一个人都要背诵一本不同的书。比如说,如果一个人背诵的是《伊利亚特》,那另一个人就要背诵《奥德赛》。

这项任务由管家来监督完成,奴仆们如果完不成他们的工作,就要遭受责罚。在所有人都经历了一番折磨后,伊特里乌斯的愿望终于实现了。他已经不再需要亲自去读书了,因为他拥有了一座会说话的图书馆。在宴会上,如果他想和人们交流,只需向管家使个眼色,管家立马就会示意一个奴仆站出来,背诵出一句恰当而又文雅的话。他甚至用书的名字来命名他的奴仆们,这个叫"伊利亚特",那个叫"奥德赛",另一个就叫"埃涅阿斯"[1]……

伊特里乌斯心满意足,因为整个罗马城都在谈论他那座会说话的图书馆。但他的得意并没有持续太久,后来发生的一件事,让人们又开始嘲笑他的无知。

在一次宴会后,人们开始谈论古人是如何宴请宾客的。

"关于这个问题,《伊利亚特》里有一段写得非常精彩……"伊特里乌斯边说边向管家使眼色。

---

[1] 这个名字来源于古罗马诗人维吉尔的著作《埃涅阿斯纪》。

但他的管家并没有向奴仆们做手势,而是直接跪了下来,用颤抖的声音说:

"对不起,主人!伊利亚特今天肚子疼。"

这个故事发生在两千年前。但即便在今天,我们拥有了不计其数的书籍和图书馆,依然离不开有生命的书。

如果所有的知识我们都能在书本里学到,那我们就真的不用去学校了,我们也不再需要老师了。但真的是这样吗?我们都知道,无论如何,书本是不会开口说话的,你不可能向它们提问,但一位真正的老师却可以回答你的问题,把你不懂的东西讲清楚。

所以,对我们来说,一本有生命的书有时还是有益的,但有些东西如今却派不上用场了,例如一封有生命的信。

在古时候,人们不懂书写,自然也就不会有人邮寄信件。那个时候,如果需要传递一个重要的信息,人们就会派出一名信使,他会把需要传递的信息记在心里,到达目的地后,再把他所记住的东西复述出来。

那么,如果今天我们用信使来代替邮递员,会如何呢?

先不说我们能不能找到一位每天能记住几百封信的人,即使能找到这么一个人,估计也不会有什么好结果。

我们来想象这样一个场景:

伊万·伊万诺维奇·伊万诺夫今天过生日,他正在家里等着朋友们的到来。突然,一位信使登门拜访。正在主人疑惑之时,信使对他说:

"您有一封来信，信里是这样说的：亲爱的伊万·伊万诺维奇，祝您生日快乐……您结婚很久了吧……请您在正午十二点时就抢劫西多罗娃一案出庭……让她常来看看我们……"

此刻，伊万肯定是彻底呆住了。而我们那位脑子里装着几百封信的信使依然像一台拧紧发条的机器，在不停地复述着……

第三章　备忘录

我有一位上了年纪的朋友,他乐观、善良,喜欢帮助别人。虽然他已经八十岁了,但双眼依然炯炯有神,平日里总是满面红光,走起路来大步流星。总之,他看上去一点儿也不像那个年纪的人,倒像个棒小伙子。

但毕竟是年纪大了,尽管身体没问题,可记忆力却跟不上了。有时候他打算出门,但怎么也想不起来要去干什么。他甚至连别人的名字都记不清了,我和他是老相识,但他却一会儿叫我彼得,一会儿又叫我伊万。如果你委托他办件事,他就会反反复复地问你,直到把这件事背下来为止。

为了不忘事,他想出了一个类似"结绳记事"的办法——在手帕上打结。一来二去,他所有的手帕上都出现了结扣。但这种办法依然帮不了他,因为事后他完全想不起来这些结扣都代表什么意思。实际上,哪怕是一个记忆力非常好的人，也无法从这种方法中理出个头绪来。

但是，如果这位老人家所打的每一个结扣都代表不同的意思，比如不同的字母或不同的单词，那情况就完全不一样了。那样的话，任何人都可以理解不同的结扣所代表的意思。

实际上，在人们学会使用文字之前，确实存在过以结绳来代替文字的方法。例如，在南美洲的秘鲁，那里的人们就曾熟练地掌握这种技能。时至今日，在秘鲁依然有一些牧人能读懂这种"结绳语言"。

真正的结绳文字当然是不会用手帕来记录的，而是用粗绳。人们先把各种长短不一、五颜六色的细线依次绑在一根粗绳上，就像流苏一般。然后再在这些细线上打结。结扣离粗绳越近，代表它所传递的信息越重要。

不同颜色的结扣还具有不同的寓意。例如，黑色代表死亡，白色代表白银或和平，红色代表战争，黄色代表黄金，绿色代表粮食。如果一个结扣没有被染色，那么它代表着数字，其中单结扣代表十位数，双结扣代表百位数，三结扣代表千位数。

要读懂这样的文字并不容易，需要注意很多的细节。例如，细线粗细程度的区别、打结方法的差异，以及相邻结扣间的联系等等。实际上，这些都是那个年代的秘鲁儿童需要掌握的启蒙知识，就如同现代儿童学习的字母表一样。

生活在北美洲的易洛魁人[1]使用的并不是结绳文字，他们的文字是串在一起的五颜六色的贝壳。他们把贝壳打磨成一些细小的薄片，串在皮绳上，然后将皮绳连在一起，组成一个带子。

在这种文字中，颜色也同样具有重要的象征意义。例如，黑色象征着一切负面的事情，包括死亡、不幸和恐惧，而白色则象征着和平，黄色象征着贡赋，红色象征着危险或战争。

实际上，这些颜色的古老意义在今天也是适用的。白色依旧具有和平的含义，黑色则是葬礼上通用的颜色，而红色代表了革命和起义，这也正是我们旗帜的颜色！海军军舰上悬挂的彩色旗帜也具有文字功能，不同颜色的旗帜代表了不同的字母，它们组合在一起就是一种语言，在海上航行的船只就是靠这种语言进行交流的。铁路上的信号灯也是同样的道理，它们也可以看作是一种彩色文字，通过不同的颜色来传递信息。

我们再回到易洛魁人的部落。要真正理解那些彩色贝壳所代表的意义同样不是件容易事。由彩色贝壳组成的带子会保存在部落酋长那里，部落里的年轻人会每年两次聚集在森林中，由部落里最具智慧的长者向他们解释贝壳中蕴藏的

---

[1] 属于北美印第安人的一个支系，主要居住在美国的纽约州、威斯康星州、宾夕法尼亚州、俄亥俄州，以及加拿大的安大略省和魁北克省。

秘密。

当一个部落的信使要出使另一个部落时,他就会随身带上一条彩色的带子,易洛魁人把这种带子叫作"瓦布",它可以被视作一封信。信使到达另一个部落后,会把瓦布捧在胸前,对他们说:

"你们看着这些贝壳,我来讲给你们听。"

信使每说出一句话,就会指向一个贝壳。

如果没有口头解释,瓦布所代表的含义是很难理解的。

我们可以想象一下,假如一根皮绳上串着四种颜色的贝壳:白色、黄色、红色和黑色。它们可以被解读为:如果你们向我们纳贡,我们就会和你们结盟;如果你们不同意这么做,那么我们将和你们开战,并把你们部落的人全部杀死。但也完全可以按另一种方式来解读:我们祈求和平,并准备向你们纳贡;如果战争继续下去,我们会全部死掉。为了不产生混乱,每一个用贝壳来"写信"的易洛魁人都必须亲自把"信件"交给信使,并当面读给他听。而信使则要把信的内容全部记住,这样才能准确地传达"写信"人的意图。

除此之外,类似的"备忘录"还有很多。例如,为了清点羊的数量或是面粉的袋数,人们会在木棍上做记号。直到今天,南斯拉夫[1]的农民还会用木棍来代替账本和收据。不难想象,一个农民在面粉商那里借了四袋半面粉,但他并不

---

[1] 这里指的是第二次世界大战前的南斯拉夫王国。

是把这一过程记在账本里，而是拿出一根削得很光滑的小木棍，并在上面刻上四道长线和一道短线。然后他把木棍纵向劈成两半，一半交给商人，另一半留在自己这里。到了还债时，他把两半木棍合在一起，通过刻好的线条就可以看出需要偿还的数量。使用这种记录方法，哪一方面赖账都是不可能的。

此外，在木棍上做记号还可以用于记录日期，也就是把木棍当成一本日历。鲁滨孙·克鲁索[1]在荒无人烟的海岛上就是靠这种方法来记录时间的。

---

1 英国作家丹尼尔·笛福的长篇小说《鲁滨孙漂流记》中的主人公。

第四章　会说话的东西

学会使用和理解结绳文字或贝壳文字并不是一件容易的事，那需要你的脑子足够聪明才行。但实际上，可用来记录事件或传递信息的方法还有很多，而且有些方法非常简单。比如说，如果一个部落想向其他部落宣战，他们可以直接派信使送去一支长矛、一个箭头或一把战斧。这种带着血腥气息的"礼物"基本上可以说明一切问题。当然，如果要传递和平信息，则可以送出烟草和烟筒。

在印第安人的文化中，烟筒就是和平的象征。在结盟部落开会的时候，各部落的酋长们会围坐在篝火旁。一位酋长拿起烟筒吸一口烟，然后把它递给旁边的酋长。旁边的酋长吸过后，再把它传递下去……这就像一场庄严的仪式，当烟筒在所有的酋长手中传递了一圈后，一项和平协议也就随之诞生了。

在文字出现以前，除上面那些用单一物品来传递信息的方法外，人们有时还会找来各种各样的东西放在一起，用类似拼图的方法来表达自己的意图。古时候，生活在俄罗斯南部的斯基泰人[1]曾给邻近的部族发出过这样一封"信"，它由一只鸟、一只老鼠、一只青蛙和五支箭组成。

这封"信"的意思是：

"你们会像鸟儿那样在天上飞吗？你们会像老鼠那样在地上打洞吗？你们会像青蛙那样在沼泽里跳跃吗？如果不会，那就不要妄想和我们交战了。你们要是敢踏入我们的领土，就会明白什么叫'箭如雨下'了。"

大家看到了，这样的方法无论如何也不如我们的文字简洁明了。想想看，假如某一天你收到了一个邮包，里面不是什么礼物，而是一只死青蛙，你会作何感想呢？

你可能会认为这是一个愚蠢的玩笑，或是一场恶作剧，但你怎么也不会想到，这是一封信！

当然，在学会使用"会说话的纸张"之前，人们要传递信息，最容易想到的还是使用那些"会说话的东西"。烟筒、长矛、弓和箭，这些东西用自己独有的特点传达了人们的意图。

几千年后，"会说话的纸张"终于代替了"会说话的东西"。

---

[1] 公元前8世纪到公元前3世纪生活在南俄草原上的游牧民族。

第五章　图画里的故事

在人类历史中，曾经有很多东西被用来记录和传递信息，但能让我们沿用至今的东西只有一种——文字。

人类是怎样学会使用文字的呢？

说来话长。在学会使用文字之前，人类是用图画来代替文字的。例如，当人们想要描述"鹿"这种动物时，想到的不是写出"鹿"这个字，而是画出一只鹿来；同样，当想到"打猎"的场景时，就会画一个猎人和一些野兽。

绘画这项技能人类倒是早就掌握了。在远古时代，曾有大量的猛犸象和驯鹿游荡在现今的巴黎和伦敦地区。而那时的人类还居住在岩洞里，但他们已经开始在岩壁上绘制图画了。

住在岩洞里的远古人类以打猎为生，他们画了很多野兽和打猎的场景。可以看得出来，他们很在意图画的逼真程度。所以，出现在图画里的动物都栩栩如生。在岩壁上，我们可以看到扭头张望的野牛，还有猛犸象和成群的驯鹿，它们正在躲避猎人的追捕。现如今，在法国和西班牙的一些岩洞中还可以找到很多类似的岩画，而这些岩画又在向我们诉说着什么呢？

其实，这些岩画反映的是远古人类的宗教信仰。按照现代人的推断，在远古时代，人们可能会认为自己是某一种动物的后裔。这一点和现在的印第安人很像。有些印第安人把自己的族群叫作"野牛"，因为他们认为，自己的祖先是一头野牛；而那些认为自己是狼的后代的人则用"狼"来为他们的族群命名。如果远古的欧洲猎人也同样认为自己是动物后裔，那么岩画反映的就是他们祖先的形象，是他们部落的守护神。

除此之外，还有一些岩画讲述着其他的故事。例如，一面岩壁上画着一头野牛，它的身上插满了镖枪，而旁边则是一只中箭的驯鹿。画这些岩画的用意又是什么呢？没错，这是一种巫术。这些画就是对动物施加的咒语，可以把它们引诱到原始人的领地中。其实，这和印第安巫师所做的事是一样的：为了战胜敌人，巫师们会用黏土制作出敌人的形象，然后对这些塑像施法术，再用矛刺它们，或用箭射它们。

居住在岩洞中的原始人类距今已有上万年的历史了。从发掘出的骨骼判断，他们和现代人类并不十分相似。如果没有那些岩洞里的画，我们不可能知道他们曾想些什么，他们的信仰是什么。

虽然岩画记录的不是具体事件，也算不上真正的故事，但它们已经离这些目标很近了。

下面这幅岩画发现于北美洲苏必利尔湖的一面岩壁上，要读懂它并不难。

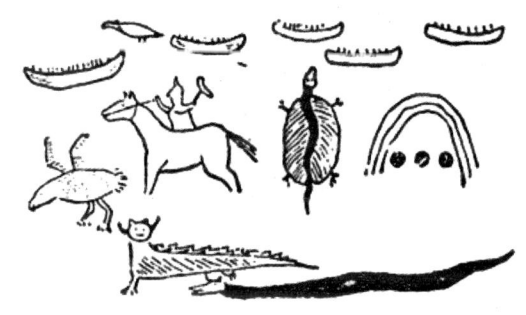

画中有五艘独木舟，一共载了五十一个人，表示这些印第安人正在渡湖。还有一个人骑在马上，大概是一位酋长。此外，画中还有乌龟、鹰、蛇和其他一些动物，它们代表了各个部落的称号。

这幅岩画也许是在讲述一个有关印第安人出征的故事，但可能也有另外一层含义：独木舟里载的人是牺牲的战士，他们正在被送往冥界，那里是一个有着三重天和三个太阳的极乐世界。而那些动物则是战士们所属部落的祖先，也是他们的守护神。

看，我们是可以把图画翻译成文字语言的。有一位英国作家曾在自己的书中讲述了一位美国船长的故事。在这本书中，图画代替文字，起到了非常重要的作用。下面，我们就来看看这位船长的回忆。

第六章　失踪的探险队

"这件事发生在1837年,"船长说,"那时我还很年轻,在一艘名叫'乔治·华盛顿'号的轮船上工作,这艘船后来因为锅炉爆炸沉没了。当时我们正在密西西比河上航行。

"有一天,在新奥尔良,一支探险队登上了我们的船。他们要去探索沼泽和森林,这些地方现在都已经消失了。

"这是一群活泼的年轻人。只有队长是一位严肃的中午人,他不爱说笑,总是一个人安静地坐着,有时在笔记本里写些什么。能看得出来,他是位学者。而其他人总是嬉嬉闹闹,爱喝酒,尤其是那些护送探险队的士兵。

"探险队上岸后,船里一下子就冷清了。一开始,我们还经常谈起那些人,但后来也就渐渐淡忘了。

"又过了三个月,还是四个月……我记不清了。那个时候我已经到另一艘轮船——'美杜莎'号上工作了。

"有一天,一位满头白发的老乘客走过来问我:

"'您是约翰·基普斯吗?'

"'是的。'我说。

"'我听说,您以前在"乔治·华盛顿"号上工作?'

"'是的,您有什么事?'我问他。

"'是这样,'他说,'我儿子汤姆曾陪同一支探险队坐过那艘船。但后来他们失踪了,一直下落不明。人们无论如何也找不到他们。现在我准备自己去找他,说不定他在哪个地方生病了。'

"我看着那位老人,觉得非常惋惜。去森林里探险非常容易感染疟疾,而且印第安人也经常射杀白人。

"'您要一个人去找他?'我问。

"'不,'他说,'我需要一个同伴。您能不能给我介绍一个人,和我一起去。我不吝惜钱,如果有人答应和我一起去,我就把我的农场卖掉。'

"我想了想,对他说:

"'如果您不嫌弃,我愿意效劳。'

"第二天,我们就上岸了。

"我们备足了食物,买了枪、铁钩和帐篷,雇了一位印第安向导,又向本地人详细地打听了那里的情况,然后我们就出发了。

"我不知道我们到底走了多远的路。总之,那时我已经感觉筋疲力尽了。那个地方非常潮湿,遍地沼泽。于是我提议就地返回。

"'我们显然是迷路了,'我说,'如果探险队也到过这里,应该会留下些痕迹。但我们走了一整天,什么也没发现。'

"印第安向导也同意我的看法。

"似乎我们的劝说起作用了,老人也准备停止寻找了,但你能想象得到吗,一枚普通的铜纽扣就把我们的计划打乱了。也正是这枚纽扣把那位老人送进了坟墓里。

"当时,我们找了一块林间空地,准备休息一下。老人在一个树桩上坐了下来,我和印第安向导点起了篝火,开始支帐篷。突然,老人喊了起来:

"'约翰,快看!纽扣!'

"我看到了。没错,地上有一枚纽扣,正是那个年代士兵衣服上用的那种。

"老人看着纽扣,发疯似的哭了起来。

"'这是汤姆的纽扣,我的汤姆……这一定是他衣服上的。我们现在就去找他。'

"我对他说:

"'您怎么知道这枚纽扣一定是汤姆的呢?探险队里不是有八个士兵吗!'

"'不,'老人说,'这就是汤姆的,我一眼就看得出来,不要和我争论。'

"就这样,我们三个人又继续走了很远。

"到了这个时候,老人是无论如何也不想掉头返回了,而我也不再劝他。一枚铜纽扣虽然说明不了什么问题,但也算是一条线索吧。

"第二天,老人感染了疟疾,一直在发烧,浑身颤抖,但他就是不想停下来休息。

"'我们要……'他说,'要抓紧时间了。汤姆在等着我呢。'

"最终,他还是没能坚持下来,渐渐地失去了意识。我已经陪他走了两天了,感觉他就像我的亲人一样。但到最后,我也无能为力。

"老人死的时候,手里还紧紧攥着那枚纽扣。我们把他就地埋葬了,然后动身返回。但我们没有走来时的那条路,而是选择了另一条路。也正是在那条路上,我们意外地发现了探险队的踪迹。起初,我们看到了篝火的灰烬,紧接着找到了一个水壶,然后最有意思的东西——一块树皮,出现了。至今我还把它保留着……"

说着,船长拿出了一个小木匣,木匣的盖子上刻着一艘三桅船的图案。他打开盖子,从里面取出一块榆树皮,上面刻着一幅简单的画,就像书里的一页插图。

"就是这张画,"船长说,"它是一个给探险队当向导的印第安人画的。能看得出来,当时探险队应该是迷路了,在森林里徘徊了很长时间。为了能让别人找到自己,印第安向导一般都会在森林里留下一些信息,就像这张画,这是他们

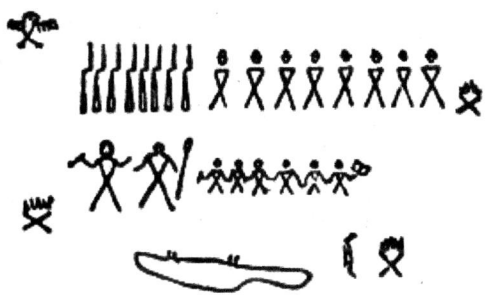

的习惯。这张画被钉在了一棵树上,就在一片林间空地中,很显眼的一个地方。

"一个印第安人给我解释了画里的内容。

"按照他的说法,画里的飞鸟指示着这次旅行的方向。八个人和八杆枪并排画在一起,表示他们是士兵,可怜的汤姆就在他们中间。那六个小一点的人是探险队的成员,其中,手里拿着书的那个人是队长。而手里拿着长矛和烟筒的那两个人是印第安向导。篝火象征着营地。那只四脚朝天的海狸是在说,其中一个叫'海狸'的印第安人在途中死了。

"我们在森林里找到了这张画后,我决定继续寻找探险队。我们沿着这条路又走了一个星期,终于找到了他们。

"这是很久以前的事了,但我每次看到这块树皮,就会想起那位老人和他的那枚铜纽扣。"

在船长展示的那块树皮上,画了一只四脚朝天的海狸。在很多印第安人的墓碑上也经常能看到类似的图画,碑石上一般会出现一种动物,那正是逝者及其族人的称号。通过碑石上雕刻的画,我们就可以了解逝者的全部生平。

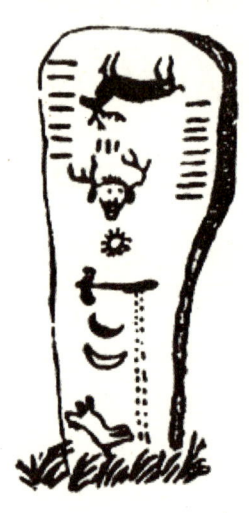

例如,如果一块碑石上画了一只鹿,那么他生前可能被人们称为"雄鹿",或其他类似的名字。他曾是一位出色的驼鹿猎人,画在下面的驼鹿头可以说明这点。两侧的小线条说明,他生前到过很多地方,也经历过很多战斗。一把战斧和两个月亮代表他经历的最后一场战争持续了两个月。月亮下面那只倒翻的鹿意味着他在这场战争中阵亡了。

除此之外,世界上很多民族都有文身的习俗,他们喜欢把自己经历的主要事情用图画或线条的方式记录在自己的身体上。因此,有的时候我们可以在一个人的身体上读出他的人生经历。

波利尼西亚人[1]的每一个文身都具有独特的含义。例如，胸口上一张面目狰狞的脸描绘的是他们的神明，这种文身只有在部落酋长的身体上才能看到。由直线和正方形组成的图案代表了一位战士经历过的战争。而由白色的弧线和黑色的小圆圈组成的图案是为了纪念战争的胜利。

---

1 生活在大洋洲东部波利尼西亚群岛的一个民族集团，其中包括了众多民族，如毛利人、萨摩亚人、汤加人、图瓦卢人、夏威夷人等等。

第七章 神秘的文字

多年以来,学者们一直在潜心钻研古埃及神庙中那些充满神秘色彩的壁画,它们就像一个个谜语,等待着人们去破解。

有些壁画的内容很好理解,它们描绘的就是人们各司其职的场景。例如,有手里拿着卷轴、耳朵后别着笔的抄写员;有贩卖项链、香水、面包和鱼的商人;有正在吹制玻璃碗的玻璃匠;也有把金条打成手镯和戒指的珠宝匠;还有手持盾牌的士兵在法老的御驾前奔跑。看到这些壁画,我们很容易就能联想到古埃及工匠作坊的样子,露天市场上商贩叫卖的情形,以及法老出行时的盛大场面。

虽然这些描绘几千年前人们生活场景的壁画通俗易懂,但另外一些图画和符号的意义却令人费解。

在很多埃及石碑或古迹上,我们经常会看到一长串符号。它们给人的感觉就像书里的文字一样，但却完全是另一种东西。在这些符号中，我们会看到各种各样具体的形象，例如蛇、猫头鹰、苍鹰、鹅，还有长着鸟头的狮子、莲花、人的头和手臂、蹲着的人、举起手臂的人、甲虫，以及棕榈叶等等。同时，这些符号中还包含了很多几何图形，例如正方形、三角形、圆形，以及各种曲线。可以说，这些符号中包含的具体形象和图形举不胜举。

这些难懂的符号被称为"象形文字"，古埃及人的历史、文化与习俗就隐藏于其中。起初，学者们曾努力尝试去理解象形文字所代表的意义，但一直都没能成功。即使是作为古埃及人的后裔——科普特人[1]，在这方面也无能为力，因为他们早就把自己祖先的文字忘得一干二净了。

但幸运的是，象形文字的秘密最终还是被破解了。

1799年，一队法国士兵在拿破仑·波拿巴将军的命令下进入埃及。他们在罗塞塔城附近挖堑壕时，意外地挖到了一块巨大的石碑，上面刻着两种文字——古埃及文字和古希腊文字。其中，古埃及文字又包括了圣书体和世俗体文字。

这一发现令学者们欣喜若狂，因为他们终于找到了破解象形文字之谜的钥匙。因为在这之前，学者们已经掌握了古希腊文，所以只要将石碑上的古埃及文字和古希腊文对照研究，就一定能解开象形文字的谜题。但是，他们失望了。

---

[1] 现为埃及的一个民族，信奉基督教。

起初,学者们认为,象形文字中每一个单独的符号都代表了一个词语或固定短语。但当他们把古希腊单词与象形符号一一对应后,仍旧一无所获。

就这样,时间又过去了二十三年。如果不是法国学者商博良(Jean François Champollion)贡献了他的聪明才智,我们恐怕至今都无法读懂象形文字。商博良注意到,在古埃及象形文字中,有一些符号用边框圈了起来,而这部分对应的古希腊文字正是埃及法老托勒密的名字。

有了这一发现后,商博良进一步猜测,每一个象形符号实际上都代表着一个字母。例如,它们的对应关系大致是这样的:

但这只是一种猜想,而这些符号也完全有可能表达的是另外一种意思。所以,这种猜想正确与否,必须进行验证。

好在后来的一件事帮助了商博良。人们在埃及的菲莱岛发现了一块刻有两种文字的方尖碑。其中有一个单词每次出现时,都带着方框。在这一单词中,商博良很快就辨认出了一些熟悉的"字母"。

当他把这些"字母"和古希腊文对照时,得到了如下结果:

－ L E O P － －

在翻阅了相关的古希腊文献后,商博良喜出望外,他发现这个"单词"原来也是一个人名——克莱奥帕特拉(Cleopatra)。这样一来,其余的符号也有了对应的字母。

这意味着,之前的猜想是正确的:被框住的每一个象形符号对应的不是单词,而是单个字母。到那时为止,商博良一共整理出了十一个字母:P、T、O、L、M、E、S、K、A、T、R。

但当商博良尝试用这几个字母去理解那些没有被框住的单词时,他却没能如愿以偿。直到多年以后,商博良才找到了自己失败的原因。原来,在古埃及,字母只用来拼写人的名字。而在书写其他词汇时,古埃及人则想出了各种各样的办法。这样看来，古埃及文字的表达方法很像我们的画谜：有些符号能代表一个完整的单词，有些符号代表一个音节，而有些符号则只代表字母。我们可以用古埃及的方法来设定一些谜题，就像下面这张图，它们表达的都是什么意义呢？

现在来揭晓一下谜底。先看一下代表单个字母的符号：直角边代表的是字母U，叉子代表字母V，竖琴代表字母A，一条腿代表字母N，针代表字母I，窗户代表字母O。其次，表示单音节的符号有：蒸汽表示音节"par"，马车表示音节"voz"，而最右边那个张开双臂的人表示音节"ah"。最后，还有两个符号代表的是完整的单词：其中那本书代表的就是"书"这个词，而蹲在地上举起手臂的人看上去是在吃东西，但实际上，这个符号代表的单词是"拥有"。[1]

古埃及人也会采用上面最后一种方法来书写一些象形文字。他们会借用一些具体的象形符号来表示一些意义较为抽象的单词。之所以能这样做，就是因为它们具有相同的发音。例如，在古埃及语言中，"甲虫"和"是"这两个词的发音相同，都可以写作"hpr"（古埃及人不写元音）。因此，

---

[1] 在这里，作者举的例子均来自俄文单词。在俄文中，"吃"和"有"是两个同形又同音的单词。

当他们想要表达"是"这个词时，就会画一只甲虫来代替。

下面这张图就是古埃及象形文字的一些例子。

古埃及人也曾和印第安人一样，用图画来代替文字，但这只发生在古埃及文明的早期阶段。经历了上千年的演化后，图画逐渐转变为象形文字，进而产生了字母文字。

可是，古埃及的文字为什么会发生变化呢？

这是因为人们的生活方式发生了变化。到象形文字出现时，古埃及人早已从渔猎社会过渡到了农耕和畜牧社会。他们的手工业和商业也得到了飞速发展。在那个时代，牧人已经不再需要把他的牛画下来，因为他完全可以用一个符号来记录他的每一头牛。商人也不再需要画出自己的全部商品，因为他的每一种商品都有一个特殊的符号来对应。与此同时，标记个人财产的印章也出现了。

能够代替图画的符号虽然越来越多，但古埃及文字仍然很像图画。而那时的波斯和巴比伦文字已经彻底摆脱了图画形式，进入了线性文字时代。

波斯人，以及他们的邻居巴比伦人，用小木棍把自己的文字写（更准确地说是刻）在泥板上。由于这种文字看上去很像楔子，因此它们也被称为"楔形文字"。同样，这也是一种很难懂的文字。学者们为了破译这种文字，也花掉了不少时间，甚至一度陷入绝望，认为人们永远都无法理解这种古老而又单调的文字。但一位关键人物的出现彻底改变了这种局面。

一位叫作格罗特芬德（Georg Friedrich Grotefend）的德国学者破译出了楔形文字。由于没有可以对照的另一种已知文字，因此可想而知，破译楔形文字是一项异常艰巨的工作。

在研究波斯国王的纪念碑时，格罗特芬德发现，有些词汇反复出现了很多次。他猜想，这些单词可能代表的是"波斯人的国王"或类似的意思。同时，在"国王"这个单词前面一般还会出现一个单词，它很有可能代表的是某位国王的名字，例如"居鲁士，波斯人的国王"。

在其中一块纪念碑上，名字这个位置上出现了七个楔形符号。这让格罗特芬德想起了几位波斯帝国统治者的名字：居鲁士、大流士、薛西斯、阿尔塔薛西斯……于是，他把这些名字对应到了楔形符号的位置。

其中，大流士（古波斯语的拼写是 Darivuš）这个名字中包含的字母数量正好与楔形符号数量相符。

D A R I V U Š(SH)

这样一来，格罗特芬德就有了七个可用的楔形字母。而且在其他名字中，他也发现了同样的字母。例如：

Š(SH) I A R Š(SH) A

在这个名字中，只有第一个字母还没有破译出来。但这也不难，格罗特芬德很快就猜出它是字母 X。这个单词就是 Xšiarša，也就是我们所说的"薛西斯"。

打开楔形文字神秘之门的钥匙终于被格罗特芬德找到了。有趣的是，和商博良一样，这把钥匙也是人的名字。

最终，其余的楔形文字字母也被格罗特芬德破译出来。和他猜想的一样，每一位波斯国王名字后面那一长串文字正是国王本人的尊号，例如：

> 大流士,伟大的君主,诸王之王,波斯人的统治者,万民之王!

古老的波斯楔形文字就是这样被破译出来的。

但是,楔形文字并不是波斯人的发明,而是他们从巴比伦人那里借用来的。

起初,和其他上古先民一样,巴比伦人也不会写字,而是靠绘画来记录和传递信息。但由于在泥板上作画非常不方便,因此巴比伦人的记录方式逐渐由弧线或圆形转变为了有棱角的直线或正方形。

随着时间的推移,一个单独的符号不再代表一个完整的单词。继而,第一个表示音节的符号诞生了。

波斯人又进一步简化了楔形文字,并把它改造为真正的字母文字。

几千年来,这些谜一样的文字一直在等待着它们的解谜人。仕商博良和格罗特芬德率先揭开了象形文字和楔形文字的秘密后,人们又了解到了更多新奇而有趣的知识。

就在不久前,又有一种古老的文字成为新的谜题,它就是赫梯文。在土耳其的博阿兹柯伊,人们一共发掘出了一万三千块刻有赫梯文的泥板,这种文字也属于一种楔形文字，但它主要用来记录古赫梯语。

学者们虽然已经掌握了巴比伦楔形文字，但对赫梯楔形文字却一无所知，因此也无法解读出这些文字的意义。同时，学者们也发现，赫梯文中也存在着一些象形符号，例如手、脚、头、动物、箭等形象。

经过一番努力，终于在1916年，捷克学者赫罗兹尼（Bedřich Hrozný）成功地破译了赫梯楔形文字。而且，他还在十六年后解读出了赫梯文中象形符号的意义。

实际上，赫梯语是一个语族，它里面还包含了六种分支语言。其中有些语言和现在的欧洲语言相近。通过研究赫梯文，赫罗兹尼不但向我们展示了赫梯语这种从前鲜为人知的语言，而且还帮助我们了解了赫梯人的历史。

现在我们已经知道，几千年前，东方生活着六个人口众多的民族，他们使用的语言都属于赫梯语族。这些民族都组建了各自的国家，但与此同时，他们也都忌惮他们的邻居——埃及人和巴比伦人。

第八章 字母之旅

随着时间的推移,图画文字逐渐转变为字母文字。但在有些国家的文字中,至今仍能找到象形文字的痕迹。例如,在中国人的汉字中,现在依然能找到一些象形符号,虽然汉字出现的时间要比我们早很久。而且,当中国人开始使用纸张、火药、瓷器和印刷术时,欧洲人对这些东西都是闻所未闻。

其实,我们从未真正摆脱对象形文字的依赖。例如,在生活中,我们会看到指示方向的手形符号,或者是电线杆上的红色闪电标志,以及存放有毒物质的玻璃瓶上的骷髅和骨头形象等等。实际上,这些符号或标志都可以看作象形文字,它们代表了一个词,或者是一句话。

在中国的汉字中,每一个象形文字都包含着很多内容。例如,"日"就是一个象形文字,它表现的是太阳的形象,但它也可以解释为"白天""每天",或者是"逐渐"。而"书"这个象形文字也可以理解为"文字""信件""宣言",甚至是一个动作——"写"。

我们还可以举一些例子。比如说,"木"这个象形文字看上去有点儿像一棵倒立的小树,它的读音是"mù"。如果我们并排画两棵倒立的小树,那它的读音可不是"mù mù",而是"lín",它的意思是"树林"。我们还可以在这两棵小树上面再画一棵倒立的小树,这时它的读音就变成了"sen",意思是"浓密的大树林",也就是"森林"。因此,"木"这样一个简单的符号可以变幻出各种复杂的象形文字,但它们一定都和"木"相关,或者说,它们都含有"木"的元素。

在上古年代,中国的象形文字与它们要描绘的事物非常相似。例如,用一个中间带有圆点的圆形表示太阳,用一个镰刀的形状来表示新月。后来,为了书写方便,中国人简化了自己的象形文字。他们的文字变成了交织在一起的黑色线条,就像散落在纸面上的茶叶细末。虽然这样的文字更容易书写,但已经很难再根据文字的外形来判断它的意思了。

而在我们的字母文字中，要判断出每个字母都代表了哪些具体的形象，也是非常困难的。

但你们相信吗，我们使用的每一个字母实际上也都是从一个个具体的图画形象演变而来的，它们也曾代表着某一种具体的东西！就像追踪猎物的猎人一样，学者们也在字母演变的道路上追索了很久。

在进入我们国家之前，字母游历了很多地方。我们可以在地图上追寻它们的足迹。

字母的故乡在埃及。很久以前，埃及人就学会了用图画来表达自己的思想。但有些东西无法用图画来表现，比如说，我们的名字该怎样画出来呢？当然，如果一个名字听上去和某种东西相近，那么我们可以把这种东西画出来。印第安人使用的就是这种方法，例如可以画一只海狸来表示"海狸"这个人名。按照这种方法，如果要表达出"鲍罗丁"（Borodin）这个姓氏，我们就需要用画谜的形式来完成：首先要画几棵并排的针叶树，它们代表"Bor"，然后再画一条直线，它代表的是"odin"这个词。[1]

但是，如果一个名字的发音找不到任何的对应物，该怎么办？例如，我们该怎样画出像"彼得"（Peter）或"伊万"（Ivan）这样的名字呢？很明显，这个时候我们只能使用字母了。

---

[1] 在俄文中，bor 的意思是"针叶林"，odin 是数词"一"的意思。

正是在这种情况下,古埃及人创造了数百个象形文字符号,有一些可以表示完整的单词,而有一些则是音节。后来,他们又为这种文字加入了二十五个真正的字母。

古埃及人发明的这套文字系统非常简单。他们的语言中有很多短音节单词,例如 ro 的意思是"嘴",pui 的意思是"草席",bu 的意思是"地方"。另外,嘴的图像不仅象征着人体的某一特定部位,而且它还代表着字母 r,而草席的图像也不只是代表着一件东西,它还表示字母组合 ts……

所以说,有一些象形文字符号已经具有了字母的意义。

但是,古埃及人并没有完全放弃旧的书写方法。他们的习惯做法是,先用字母写出一个单词,然后在它的旁边画上一个图形,用来解释这个单词的意思。显然,人们对字母的使用是有一个适应过程的。例如,在用字母写出"t"这个单词后,还要在旁边画上一本书,而在写出"an"这个单词后,要在旁边画上一条鱼。

除上面提到的适应过程外,古埃及人之所以这样做还有另外两个原因。在古埃及的语言中,很多单词的拼写方法是一样的。因此,为了不产生混乱,几乎每个单词都需要一个图示来解释它的意思。

除此之外,需要图示的另一个原因是,古埃及人只发明了辅音字母,他们的书写体系中没有元音字母。例如,古埃及语中的"hepr"(甲虫)就只能写作"hpr"。可以想象一下,如果我们的文字中也没有元音字母,那么我们的确需要想出一种办法来辅助阅读。

因此,文字的图示对古埃及人来说是非常重要的,它们就是准确理解单词含义的钥匙。

有了字母就应该有字母表。那么,发明字母的人是不是也编制了字母表呢?事实上并不是这样。发明字母的古埃及人并没有编制出一张字母表。在古埃及神庙的石壁上,在莎草纸上,我们可以看到各种类型的象形文字:有代表完整单词的符号,有表现音节的符号,也有真正意义上的字母。它们只是被无差别地放置在一起,并没有体现出任何的顺序。

编制出字母表的并不是古埃及人,而是他们的死对头——闪米特人。大约在四千年前,古埃及被属于闪米特族的希克索斯人(Hyksos)征服,他们从东方(阿拉伯半岛)攻入尼罗河谷,并统治了埃及整整一百五十年。在统治期间,希克索斯人从大量的埃及象形符号中挑选出了二十几个,并用最简单的方法把这二十几个符号变成了字母。

我们每个人都读过字母课本,在配有插图的课本中,我们学会了字母的读写。例如,当我们看到字母"A"的时候,旁边就会出现一个苹果(apple)的插图,看到字母"B"时,旁边就会画着一个香蕉(banana),而字母"C"的旁边则是一辆汽车(car)或者是一个杯子(cup)……当看到插图时,我们就会明白,这个单词是以某一个特定的字母开头的,而且我们谁也不会画两个香蕉和两个苹果来表示baba这个词。

希克索斯人编制字母表时用的正是这种方法。他们在象形符号中选择了一个牛头的符号来表示字母"A",因为在他们的语言中,牛的发音是"aleph"。他们又选择了房子的象形符号来表示字母"B",因为他们把房子叫作"bet"。而字母"R",他们选择了用一个人的头来表示,因为头在他们语言中的发音是"resh"。

希克索斯人用这样的方法得到了二十一个字母,这些字母全部来自古埃及的象形符号,其中有辅音,也有元音,而挑选的原则就是:对希克索斯人来说,它们既简便又实用。

就这样,在希克索斯人的统治下,第一张字母表诞生了。

后来,埃及人从"外来统治者"手中解放了出来,希克索斯人也渐渐淡出了历史舞台,但他们的字母表却在埃及以东的地中海沿岸国家流传开来。生活在这里的一些闪米特部族,如腓尼基人和犹太人,把自己的同胞——希克索斯人的文字保留了下来。

腓尼基人是一个善于航海和贸易的民族,他们的船只经常会出现在希腊海岸和塞浦路斯岛,最远甚至到达过直布罗陀。每当腓尼基人的船只停靠在一个陌生国家的岸边时,他们会卸下自己的货物——项链、剑、斧头、玻璃碗和金杯，并用这些东西来换取他们需要的兽皮、布匹和奴隶。与腓尼基人的货物一起周游世界的还有他们的字母，而与腓尼基人进行贸易的民族不仅交换到了商品，同时还从腓尼基人那里得到了一张字母表。就这样，字母从腓尼基人的驻地费拉岛传播到了他们在希腊的各个殖民地。

但实际上，这些字母和希克索斯人创造的字母已经不一样了。因为腓尼基商人没有时间去仔细地画出每一个图形，所以，如牛、蛇、头或房子等形象也就转变成了更易于书写的符号。

然而，字母的旅程并没有就此结束。在跨过大海到达希腊后，腓尼基字母为希腊字母的出现奠定了基础。几个世纪后，希腊字母又一路向西，到达了意大利，同时也向北行进，来到了我们这里。

在意大利，希腊字母逐渐转变为拉丁字母。而在北方，它们演变为基础的斯拉夫字母，继而是俄文字母。

我们来简单回顾一下俄文字母诞生的过程。

在公元9世纪，两位来自希腊的传教士——基里尔和梅福季兄弟准备前往摩拉维亚，向斯拉夫人传讲基督教。

出发前，他们需要把记载宗教仪式的教会书籍翻译成斯拉夫语。但当时斯拉夫人还没有自己的文字。因此，基里尔和梅福季的翻译工作必须从发明斯拉夫字母开始。他们从希腊文中借用了大量字母，其余一些字母则来自希伯来文，例如字母"Ш"和"Ц"。只有少数字母是他们自己的发明创造，例如字母"Щ"。他们的办法是这样的：先写出一个字母"Ш"，然后在它的右下角写一个很小的字母"т"，这样就得到了一个新字母"Шт"，后来它又逐渐变成了"Щ"。

在摩拉维亚和西斯拉夫人生活的其他地区，新诞生的字母不得不面对另一种字母的挑战，那就是德国传教士带来的拉丁字母。

德国传教士反对在宗教仪式上使用斯拉夫语。最终，他们胜利了，在教堂的礼拜仪式和书籍中，人们无法理解的拉丁文取代了本地的民族语言。

但斯拉夫字母在南斯拉夫人的土地上站稳了脚跟，并随着传教士的背囊一起来到了基辅罗斯[1]。

又过了将近一千年，从前的基里尔字母终于成了我们使用的文字。在彼得一世统治时期，传统文字得到了进一步改革。彼得一世下令用"世俗体"字母来代替传统的斯拉夫字母。他推行的新字母更加简单、美观，也便于印刷，而传统的斯拉夫字母则更加繁复、华丽，例如ʒ、Ѵ、Ѳ、ѣ、Ѱ等。在经过反复比较后，彼得一世最终决定废除所有的旧字母，全部改用新字母。

在新的字母表读本封面上，彼得一世写道："此类字母

---

[1] 即"基辅罗斯公国"，建立于公元882年，公元1240年毁于蒙古入侵，首都位于基辅。

将被用于印制历史和技术书籍,已废除的字母将不再用于上述书籍的印制。"

与旧字母相比,新字母的确更加简单和美观。但要让当时的人们习惯于新字母却不是一件容易事。用学者和诗人特列季亚科夫斯基的话来说,"新的文字在俄罗斯人眼中显得非常奇怪,它给阅读带来了麻烦,尤其是对那些阅读有困难的人来说更是如此"。

埃及字母经过腓尼基、希腊、巴尔干半岛来到我们这里,这一旅程整整用了四千年。

在这一过程中,字母的样子和书写方式也都发生了变化:从起初的"仰卧"变成了现在的"直立",从最早的"左顾"转变为现在的"右盼"。而腓尼基人的船只、奴隶背上的莎草纸背篓,以及传教僧侣的行囊都成了字母之旅的交通工具。很多字母消失在了漫漫的时空之旅中。但与此同时,也有一些新成员加入了旅行的队伍。在经过了漫长的漂泊后,最终到达我们这里的字母和它们出发时的样子相比,简直就是天壤之别!

为了找回它们从前的样子,我们需要把不同时期的字母放在一起加以比较,它们包括了古埃及的象形文字、在西奈半岛的哈托尔神庙发现的希克索斯字母、腓尼基字母、古希腊字母、古斯拉夫字母、拉丁字母,以及我们的俄文字母。

	象形文字	希克索斯字母	腓尼基字母	古希腊字母	古斯拉夫字母	俄文字母	拉丁字母
牛	⊻	ᗷ	⊀	A	A	A	A
房子	⊐	⊃	⋑	B	B	B	B
转角	L	⌐	√	⌐	L	L	C
门	⊨	ᗞ	ᕈ	△	△	A	D
拟声"哎"	⚹	⚹	ᴲ	Ǝ	Ɛ	Ɛ	E
橄榄	⇝	I	I	I	Z	Z	Z
棕榈枝	ᴨ	⋏	⋏	⋏	K	K	K
绳索	ᒋ	ᒋ	ᒋ	⅃	λ	⋀	L
水	∽	∽	∽	⋀	M	M	M
蛇	ᒣ	ᒣ	ᒣ	ᒣ	N	N	N
眼睛	⊙	⊙	○	○	○	○	O
嘴	⊂	⊂	⋂	⋂	π	Π	P
头	⊕	⊙	ᑫ	ᑫ	P	P	R
山	ᗑ	ᗑ	ᗑ	ᕽ	C	C	S
十字	✚	✚	✕	T	T	T	T

47

如果仔细观察这些字母,我们就会发现,那个长着犄角的牛头变成了我们使用的字母"A"(实际上,如果把A倒立过来,它还是很像一个牛头)。我们还会明白,为什么"L"像一条绳索,为什么"O"像一只眼睛,为什么"R"像一个长在长脖子上的头,为什么"M"像波浪……我们甚至还会发现,与现在的字母不同,早期的字母都朝向了相反的方向。之所以会这样,是因为腓尼基人的书写方向和我们不同,他们是从右向左写。

从腓尼基人那里学会了字母后,古希腊人起初也是从右向左写,后来他们的书写方向发生了一些变化:如果第一行字母是从右向左写,那么下一行就会从左向右写,也就是双向书写。但对他们来说,这样的书写方式并不方便。

最终,古希腊人还是决定采用一致的书写方向,把所有的字母都从左向右写。这一习惯也保留到了今天。书写方向变化后,古希腊人也把字母的朝向都转变了过来。

长久以来,人们一直在尝试各种各样的书写方向,就像在纸面上调动火车的前进方向一样。

为什么从左向右书写要比从右向左更方便呢?从左向右写,还是从右向左写,或者是从上向下写,这些区别真的重要吗?

要知道,中国人至今还保留着由上到下的书写习惯,一个一个的汉字组成了纵向排列的竖行,而这些竖行又按照从右向左的顺序分布在纸面上。中国人的这种书写习惯并没有给他们带来任何困难，他们依然能够用惊人的速度一个接一个地写出复杂的汉字，并在旁边点上句号、逗号、问号和感叹号。当然，现在中国也开始使用欧洲的书写模式了。不久前我看到了一本新出版的中国书籍，里面也采用了和我们一样的横行书写方式，而且汉字也是从左向右排列的。但是，传统的书写方式仍然保留着自己的地位，它并不会退出历史舞台。

其实，古埃及人也曾像中国人一样，使用从上到下的书写方式。

在古埃及，抄写员是用左手拿着莎草纸，用右手来书写的。这时，无论抄写员喜不喜欢，他都要从莎草纸的右侧开始写起，否则左手会对书写造成干扰。但这种方式也存在一些问题。当抄写员写完一列，换到下一列时，他的手会碰到未干的墨迹。中国人一般不会遇到这种情况，因为他们使用的是易干的油墨。但古埃及人使用的墨水是用烟油、植物胶和水混合制成的，干得很慢。

为了克服这种困难，古埃及人改用了横向书写的方式。这样一来，抄写员的右手在移动时就不会碰到刚刚写过的字迹了。但从右向左书写的传统习惯还是保留了下来，而且一直延续到古希腊人改用双向书写为止。

在欧洲人的书写体系中，从左向右的方式最终占据了主导地位。但犹太人和其他一些民族至今都保留着从右向左的书写习惯。

前面我们追踪了字母从埃及到俄罗斯的旅程，但那只是象形文字进行环球之旅的其中一条路径。在走出埃及后，字母还来到了印度、暹罗、亚美尼亚、格鲁吉亚、中国西藏和朝鲜半岛……总之，在地球上，几乎所有的地方都接触过来自古埃及的字母。

下面，我们再来看看数字，它们的历史比字母还要有趣。

你们知道吗，我们使用的数字实质上也是一种象形文字，也就是说，它们也是符号与图形。

很久以前，人们只会用手指来标记数字。如果人们想表达数字"1"，那就伸出一根手指；如果想表达数字"2"，就伸出两根手指。依次类推，五根手指代表数字"5"，而两只手都伸出来则代表数字"10"。当想要表达的数字比较大时，人们就会使用摆手的方法，这时人的手看上去就像一架风车。乍一看，你会以为那个人在挥手赶蚊子，但你走过去问他在做什么，他会回答你：我在数数。

这种用手指或手来计数的方法也落实到了书面上。如果大家仔细观察罗马数字，Ⅰ、Ⅱ、Ⅲ实际上就是一根、两根和三根手指；数字"Ⅴ"是一只岔开拇指的手掌；而数字"Ⅹ"则是两个手掌叠在一起。

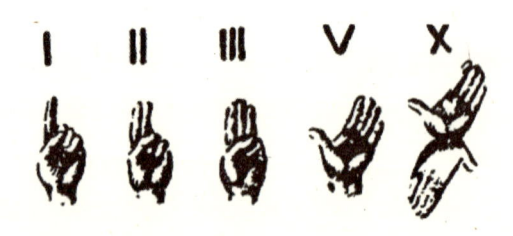

不只是罗马数字,我们今天所使用的数字实际上也是一种"手指操"。起初,数字的写法和现在不太一样:"1"写作一条直立的线段;"2"写作两条水平的线段;"3"是三条水平线段;"4"则是摆成一个十字形的四条线段;而5看上去就像伸出的五根手指。

后来,随着书写速度越来越快,人们需要用极少的笔画来写出一个数字,因而数字的外形也发生了变化:

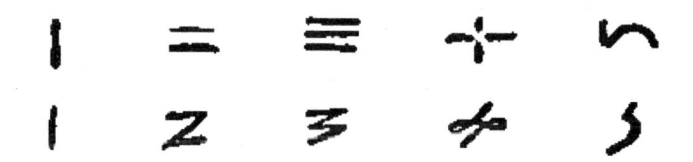

看得出来,这个时候的数字已经很接近我们现在所使用的数字了,而其余的数字则来自这五个数字的组合。

在数字的演化中,最有趣的莫过于"0"的历史。"0"是什么?这个问题似乎很好回答,"0"就是什么都没有,是一个空的位置。但在历史上,"0"的发明却不是一个轻松的过程。

数字"0"是一个了不起的发明,就像轮船和电话的发明一样。

起初,在古人的数字知识中,"0"并不存在。那个时候,为了便于计算,人们会在一块木板上画上小方格,然后在一些圆形小木片上写上数字,把它们放进方格里。例如,要计算"102"加上"23"的话,就可以把写有数字的圆木片按顺序放在木板的方格里。但在没有"0"这个数字时,人们要表示"102"的话,只能在"1"和"2"之间空出一格,就像这样:

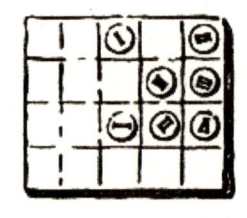

这种供计算用的木板也叫作"算盘"(abacus),它是古希腊人在做代数运算时常用的工具。因为在古希腊时代,人们还不会书写数字,所以他们用字母来代表数字,例如用字母"A"来代表数字"1",用字母"B"来代表数字"2",依次类推。如果有一个古希腊人穿越到我们这个时代,发现我们不用算盘,那么他一定会认为,对于我们来说,计算是一项很困难的工作。例如,如果没有算盘,怎么计算"L"加"P"或者是"N"加"R"呢?

但实际上，古希腊人更常用的是心算，而算盘主要是做记录或演示之用。

不久之后，算盘被更简单的白板代替。白板上没有画方格，因此人们用一块空白的圆木片来表示空格。例如，"102"就会表示为：

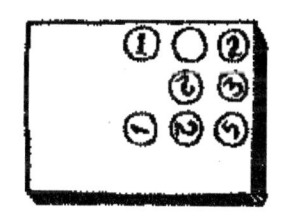

再后来，计算改在纸面上进行，空白的圆木片就变成了画在纸上的一个圆圈，就相当于"0"。

借助于圆木片或其他替代物进行计算的方法延续了几个世纪，而在俄罗斯，这种方法流行于16至17世纪。据一位旅行家所言，当时的俄罗斯文职人员使用李子核来辅助计算，他们每一个人都随身带着一个袋子，里面装着李子核。

时至今日，我们仍然在使用某种类似古希腊算盘之类的计算工具。但为了方便，我们用算珠来代替圆木片，并把它们固定在一根小金属棒上，这就是我们使用的现代算盘。与古时候一样，在现代算盘中，"0"依然不存在，代替它的是一个空当。

下 篇
Volume II

拉丁文中有一句谚语：
书有自己的命运。
有时候，
书的命运比人的命运还要神奇。

第一章 永恒之书

我们的字母曾游遍世界各地，接触了诸多民族，在自身不断变化的同时，承接它们的载体也一直处在演进之中。从石壁到莎草，从莎草到泥板，从泥板到羊皮，从羊皮再到纸张，这一路走来，承载文字的工具变得越来越轻巧与便捷。

我们都知道，长在沙土里的树和长在湿地或黏土里的树是完全不一样的。与此同理，字母在不同的书写材料上也会呈现出不同的样子：刻在石头上的字母显得硬朗又挺直，但到了纸面上则变得圆润起来，而写在泥板上的文字看上去更像楔子或其他有棱角的形状。而且，即使是写在同一种材料上，字母的样子也不是一成不变的。实际上，它们的变化从未停止过。

下面这张图里的三种文字写于不同的年代，用的也是不同的材料。我们看到，最上面的字母刻在石头上，它们拥有笔直的轮廓；中间的文字像一个个的小钩，它们使用的书写材料是蜡；而最下面那些清晰圆润的字母则是写在羊皮纸上的。乍看上去，三种材料上的字母好像完全不一样，但实际上，它们都是拉丁字母，只不过是在不同的材料上采用了不同的书写方法。

那除书写方法外，还有其他的不同之处吗？有的！

要知道，我们现在使用的铅笔和纸张是不久前才发明出来的，如果退回到五百年前，我们会发现，那时候在学生的书包里根本找不到铅笔、钢笔和笔记本。他们使用的书写工具是削尖了的小木棍，而书写材料是涂了一层蜡的小木板。可以想象，这有多么的不方便啊！

如果我们继续往前追溯，回到原始人刚刚放弃使用图画记事的时代，我们会发现，对于那个时代的人来说，书写存在着难以置信的困难，他们找不到任何现成的书写工具，如果有人想要写字，那么他必须解决用什么写和在哪里写的问题。

对于一个需要写字的人来说，他眼前所有的东西都可以用来做"记事本"，例如石头、兽皮、兽骨、棕榈叶、黏土片或者是树皮。要在这些材料上书写的话，就必须用到磨尖的骨头或燧石，而且只能写一些简单的符号。

这些书写方法使用了很长时间，传说，穆罕默德就曾把《古兰经》写在了羊的肩胛骨上。而古希腊人在公民集会上宣传自己的意见时，用的也不是纸张，而是黏土片。

即便是在莎草纸被发明出来以后，由于价格昂贵，大多数普通人仍然只能用器皿的碎片来写字。传说，有一位古希腊学者为了写作，把家里能找到的锅碗瓢盆全都打碎了。还有一段时间，由于莎草纸短缺，驻扎在埃及的罗马士兵和官吏把各种公文都记在了黏土片上。

但棕榈叶和树皮使用起来就要方便得多。实际上，这些材料在莎草纸出现前就已经开始应用了。印度就有用棕榈叶制作的书籍。人们首先把棕榈叶的边缘修剪整齐，然后把叶子剪成许多小片，再把它们缝制在一起，叶子的边缘还会被镀上一层金色或粉刷成其他颜色。这样，一本精美的"书"便制作完成了，虽然它看上去更像百叶窗。

而在我们这里，人们曾经在白桦树或榆树的树皮上写字。

现在，那些记载文字的兽骨、泥板、棕榈叶和树皮只有在博物馆里才能见到。但有一种古老的书写方法至今我们仍在应用，那就是在石头上刻字。也可以说，石刻书籍是一种永恒之书。

雕刻在古埃及法老陵墓和神庙石壁上的完整故事可以流传至今。同样,我们也把想长久保存的文字刻在石板上。

但即便这样,我们还是很少在石板上写字,这主要是因为在石板上刻字母不是一件容易的事,而且要把这样的"书"从一个地方带到另一个地方需要起重机的帮忙,仅靠一个人的力量是无法完成的。刻在石头上的书不能带回家,刻在石头上的信也无法邮寄。很久以前,人们就希望找到一种比石头更轻便且同样耐用的书写材料。

人们曾尝试过在青铜上写字,我们现在还可以看到流传下来的铜牌,上面刻着文字。在古时,它们都是用来装点宫殿和神庙的饰物。有时候,一块铜牌就能占据一面墙。而有些两面刻字的铜牌则是被悬挂起来,方便人们观看。

在法国城市布卢瓦(Blois),有一些教堂的大门是用青铜制造的。在某种意义上,它们也可以被视为书籍,因为这些铜门上刻有中世纪时期埃蒂安伯爵(Étienne II de Blois)和布卢瓦市民订立的契约。按照契约,布卢瓦市民承担为伯爵城堡修筑围墙的工作,并以此来换取对葡萄酒征税的权利。时光流转,当年的葡萄酒早已喝完,饮酒之人已长眠于地下,城堡的围墙也已经坍塌,唯有铜门上的契约还在向人们炫耀着自己的历史。

我们看到,用石头和青铜制成的"书籍"又大又重,但这些都不是它们的主要缺陷。它们最大的不足之处是书写困难，也就是说，在它们的表面刻字是一件非常麻烦的事。想象一下：如果给一位现代作家套上围裙，让他拿起锤子和凿子，像一个石匠那样在石板上敲敲打打，那会是怎样的一种情形？大概为了"写"一页，他就要敲上一整天。

可见，还是我们现在的书写方式更好。当然，纸并不是一种可以长久保存的材料。那么，我们能否找到像石头一样永久，又像纸一样轻便的材料呢？

实际上，曾经居住在两河流域的巴比伦人和亚述人早就开始使用这样的材料了。

英国考古学家莱亚德（Austen Henry Layard）在尼尼微（Nineveh）古城的库扬及克（kuyunjik）遗址发现了亚述国王亚述巴尼拔（Ashurbanipal）建立的大型图书馆。从现代人的角度看，这是一座非常怪异的图书馆，它的所有藏书都是用泥板制作的，而不是用纸张。

以黏土为原料的泥板又大又厚，抄写员要用一根削成三棱形的细木棍在泥板上写字。书写时，抄写员先是把木棍压入泥板中，然后再迅速地拔出木棍，这样就得到了一个头粗尾细的楔形符号。巴比伦人和亚述人可以用这种方法进行快速书写，而出现在泥板上的楔形文字细密又工整。

在这之后，为了使泥板变得更加坚固，抄写员会把写好的泥板交给烧陶工匠进行焙烧。我们知道，现在的制陶工匠与图书业务毫无关系，但在古亚述人那里，制陶工匠不仅要烧陶，而且还要参与"出版"工作。

经过了晾晒与焙烧之后,泥板会变得像石头一样坚固。这样的"书"不会在火灾中被焚毁,不会因受潮而腐烂,更不会被老鼠啃噬。当然,泥板可能会破碎,但它的碎块可以被收集在一起,并重新拼成一本"书"。

这也正是现代学者们的工作,他们要把尼尼微出土的泥板碎块整理好,其中,首要的工作是理清它们的顺序。

在尼尼微的图书馆遗址中,共发现了三万块泥板。要得到一本完整的书,就需要把数十块,甚至是数百块类似的泥板整合在一起,就像装订散落的书页一样。

当然,这两项工作不可能完全一样。因为学者们要给每一块泥板进行编号,同时还要给它们标注不同的名称和注释。

例如,在一本有关创世神话的书中,如果第一句话是"起初,我们的头上还没有天空",那么,与这本书有关的所有泥板都要进行这样的标注:"起初,我们的头上……No.1""起初,我们的头上……No.2",依次类推,直到最后一块泥板。

除此之外,和预想的一样,所有的书上都刻有图书馆的印章,而且上面都有这样一段文字:

> 此乃勇士之王、万民之王、亚述之王亚述巴尼拔之宫殿,纳布神赐予他聪敏之耳与智慧之眼,去遍寻帝国之内侍奉诸王及先人之文献。蒙智慧之

神纳布之恩，吾将诸文献复刻于此，加盖吾名，悉藏于此宫。

这座图书馆的藏书非常丰富。这里有记载亚述帝国历代君主同吕底亚、腓尼基和亚美尼亚交战的书，也有颂扬吉尔伽美什和他朋友恩奇都功绩的书。有的书中讲述了女神伊什塔尔下到冥界救出丈夫的故事，还有的书里记载了洪水灭世的传说。

入夜，当这位亚述君主辗转反侧，无法入眠时，他就会命令奴隶去图书馆取书过来，然后大声读给他听。听着这些古老的故事，他就能把所有的烦恼统统忘掉了。

亚述人不仅在泥板上写字，还在上面印刷。他们用宝石制成圆柱形的印章，并在上面雕刻出凸起的花纹。在签订一项契约时，就把印章在泥板上压上一圈，这样就得到了一个清晰的印痕。

通过泥板印刷，很多有文字记录的契约、账簿和收据得以保存下来。而且，在印痕周围经常可以看到一些用指甲画出的小花纹。这也许就是当时不识字的人所使用的签字方法吧。

第二章　带之书

在现代人看来，写在泥板上的书可以说是很古怪的了，但相比之下，古埃及人发明的另一种书才更加奇特。

想象一下，现在在你面前有一条长长的带子，足足能伸出一百步远。它似乎是用纸做成的，但就是感觉很奇怪。从色泽和触感看，这张纸似乎是由大量纵横交错的细小条纹组成的。如果你试着撕开这张纸，你会发现，它是由细小的带状物编织而成的，就像编织的草席一样。它看上去是淡黄色的，平整又有光泽。它可以折断，就像蜡一样。

写在上面的文字不是沿着纸的长度铺开的，而是写在一个个纵向排列的"栏"里，在一张纸上，这样的栏可以有几十甚至几百个。实际上，我们也可以想象一下，如果纸上的文字是横向展开的，那一个人在阅读时就要不停地从纸的一头走到另一头，这样来来回回是不是很麻烦呢？

这种纸看起来很奇怪，而它的制作材料更加奇特。尼罗河两岸的沼泽地里生长着一种奇怪的植物，它有一根长长的裸茎，茎的上端有一个毛刷形状的顶冠。

这种植物叫作纸莎草（papyrus），它的影响力非常大，时至今日，在很多语言中，"纸"这个词都源自这种植物的名称。例如，在德语中纸叫作"papier"，在法语中纸也写作"papier"，在英语中纸叫作"paper"，而在俄语中纸则是papka。

在古埃及人的生活中，纸莎草扮演着极其重要的角色。除可以用来造纸之外，烘烤过的纸莎草可以被当作一种食物来食用，用它榨出来的汁是一种带有甜味的饮料，纸莎草还可以被纺成布用来制作衣服，它的外皮可以用来编织平底鞋，把纸莎草的茎捆扎在一起可以做成独木舟。这些就是这种其貌不扬、形似牛尾巴的植物能够给予古埃及人的一切。

有一位古罗马作家曾亲眼见过莎草纸的制作过程，因此他给我们留下了一段关于古埃及造纸作坊的描述。

人们先是用针把纸莎草的茎劈成细条，然后把这些细条一个接一个地粘贴在一起，这样一张完整的纸就形成了。这道工序是在一张工作台上完成的，而且台子上浸满了混有泥浆的尼罗河水。在这种情况下，泥浆起到的是胶水的作用。除此之外，工作台还必须是倾斜的，这样才能保证水处于流动状态。

在粘贴完一排细条后，把它们的尾端剪掉，然后在它的上面横着放上另一排细条。这样一来，最后制成的莎草纸就像一块布一样，上面有纵横交错的线条。

在制作出一定数量的莎草纸后，人们会把它们叠放在一起，并在上面压上一个重物。然后，这些纸会被拿到太阳下晾晒，再用兽牙或贝壳制成的工具对它们进行抛光。

和我们现在用的纸一样，莎草纸也分为不同的等级。一等的莎草纸是用植物茎秆最里层的核心材料制成的，它有十三根指头那么宽，也就是说，比我们现在用的笔记本要大一些。古埃及人把这类莎草纸视为"圣物"，因为他们把"圣书"就写在这种纸上。古罗马人也从埃及人那里购买莎草纸，并把一等纸称为"奥古斯都纸"，为的是纪念奥古斯都大帝。同时，他们把二等纸称为"利维亚纸"，因为这是奥古斯都妻子的名字。

当然，还有其他等级的纸。其中，等级最低的纸被称为

"商品纸",只有六指宽。但它们不是用来写字的,只用于包裹商品。

古埃及的莎草纸有时也被称为"亚历山大纸",这是因为当时最大的几家造纸作坊都在亚历山大城,并从这里把莎草纸传播到罗马、希腊,以及其他的东方国家。

莎草纸被生产出来后,人们会将这些纸拼接在一起,组成一条有一百多米长的"带子",并在上面书写文字。那么,这样的一本书该如何阅读呢?如果把这本书铺在地上,那它恐怕要占据一整条街道。而且,在地上一边爬一边读也不是很方便。

那能不能把它粘在围墙上呢?似乎可以,但仔细想想,是不是每个读书的人都能找到足够长的围墙呢?如果不能,那是不是每个想要读书的人都要专门修一堵"阅读墙"呢?即使可以,那遇到下雨该怎么办呢?又该如何保护它免受恶劣天气的侵袭呢?如果某一天再遭到泼皮无赖的故意破坏,又该怎么办呢?那可不可以换一种方法,例如找两个人抓着"带子"的两端把它抻直呢?这当然也不行,去哪里找那么两位愿意每天在你面前抻着带子,站上几个小时的"志愿者"呢?

有的人还提出,最好的办法是把莎草纸剪成小片,然后把它们缝在一起,做成一本书,就像现在一样。这样的方法行得通吗?行不通,因为莎草纸和我们现在的纸不一样,它在翻折时很容易断裂,不像现在的纸那样柔软。

尽管存在种种困难，但古埃及人还是想出了一个聪明的方法。他们发现，莎草纸可以圈成一个圆筒，同时，为了纸张不断裂，还可以用一根木棍充当卷轴，把莎草纸的一端粘在木棍上，木棍的两端还雕刻上了各式各样的花纹，就像国际象棋的棋子一样。

即便在今天，我们也在用类似的方法来存放一些印刷品。例如，我们会把地图卷起来，也会把报纸固定在一根圆木上，以防止它们散落。

在阅读时，古埃及人用左手握住木棍的一端，然后用右手展开卷轴。这就意味着，在阅读时，人的两只手都是被占用的，一旦你抽出右手去揉眼睛或拿笔，卷轴就会重新卷起来。这样的话，人们是不可能摘抄文字或是在书中记笔记的。如果想从书里摘录一些内容，那就需要两个人配合行动：一个人读，另一个人写。可想而知，对于那些喜欢坐在书堆里随手翻阅书籍的学者来说，这种工作方式是非常不方便的。

但这并不是莎草纸卷轴唯一的缺点。通常情况下，一个卷轴只是一本书的一部分。今天我们可以写进一本大书里的内容，在古埃及人、古希腊人和古罗马人那里就需要非常多的卷轴才能容得下。那个时代的书可不是能随便塞进口袋里的东西。如果想随身携带一本书，那就需要把所有的卷轴都放进一个圆筒中，并用皮带把它串起来，背在肩上。当然，富人们是不需要自己携带书籍的，当他们去图书馆或书店时，会带上自己的奴隶，搬运书籍的工作都是由奴隶们完成的。

与现在的书店不同，那时的书店更像是出售壁纸的商店。人们会看到长长的架子上摆满了一排排的卷轴，就像一张张卷起来的壁纸。每一个卷轴上都挂着书名标签。

古埃及人用黑色和红色的颜料在莎草纸上写字，而笔是用削尖的芦苇秆制成的。每一名埃及抄写员总是随身带着一个笔盒和一个水杯。笔盒实际上是一个带有凹槽的小木板，其中长形凹槽是用来放芦苇笔的，而其他形状的更深的凹槽是用来放颜料的。墨水是后来才出现的，而且那个时代的墨水也和今天的很不一样，它们是用水和炭灰混合制成的。而为了使这种墨水更加黏稠，不至于从笔尖滴落到纸面上，人们又在墨水中加入了树胶。

和我们现在的墨水相比，用那个时代的墨水写出来的字迹并不是很牢固，用海绵就可以轻松擦掉。甚至还有人用自己的舌头来代替海绵。据传说，在罗马皇帝卡利古拉统治时期，在宫廷赛诗会上失败的诗人会被罚用舌头把自己的作品舔干净。

为了书写更流畅，芦苇笔的笔尖被分成了两半，这和我们现在使用的钢笔笔尖十分相似。如果笔尖没有分叉，想要流畅书写是不可能的。

在正常情况下，墨水会沿着两片笔尖的缝隙缓缓地流淌出来。如果想要粗一点的线条，可以在书写时按压笔尖，这样就会使笔尖中的缝隙加宽，让墨水的流量更大。这真是个简单又聪明的办法！

在埃及的很多壁画上可以看到古代抄写员的形象，他们大多是年轻人，坐在地上，左手拿着莎草纸卷轴，右手拿着芦苇笔。此外，他们还会在耳朵上别两支备用的笔，看上去有点像现在的交易员。

第三章 抄写员的故事

我们如果浏览一下抄写员手中的卷轴,就会惊奇地发现,里面的文字和我们熟悉的象形文字非常不一样。它们就像是一些随意的涂鸦,和我们熟悉的那些刻在神庙和陵墓墙壁上的精美图画毫无关系。

但这也好理解。因为在莎草纸上书写要比在石头上雕刻象形文字简单得多,在石头上需要一个小时才能完成的工作,在莎草纸上只需一刻钟。所以,莎草纸上的象形文字失去了自身那些精确而又优美的轮廓也并不奇怪。实际上,抄写员在莎草纸上书写时,使用的是一种草书体,它的轮廓要比传统象形文字更加扭曲和简化。

当然，神庙中的祭司们依然保持着传统的书写习惯，他们会考虑文字的美感，并仔细地勾勒每一处笔画。但是，那些非神职的普通人则只关心书写的速度和文字的简单性。

最终，在古埃及演化出了三种文字体系：象形文字、圣书体文字和世俗体文字。这可以看作是莎草纸的发明在古埃及掀起的一场文字革命。

古埃及的抄写员在书写时使用的就是世俗体。有时候，他们要负责记录一些具体的工作内容。例如，在收谷物时，他们要把倒进粮仓里的谷物重量记录下来。这项工作进行得很快，抄写员也只是勉强能跟上监工的报数速度。可以想象，如果这个时候抄写员还在使用象形文字，那会是一个什么样的结果！

一般说来，古埃及粮仓的上面会有一个圆形的敞口，敞口旁边是一个搭建好的台架，负责搬运谷物的工人们背着篮子一个接一个地沿着砖砌的台阶爬上台架，然后迅速地将篮子里的谷物从敞口倒进粮仓。

所有的谷物都会被登记在册。粮仓被堆满后，工人们把篮子集中放在一个地方，然后各自回家。抄写员则把笔放回笔盒中，卷起莎草纸卷轴，倒掉杯子中用来稀释颜料的水，和其他人一起离开。

有些抄写员在回家的途中会一起去酒馆喝甜啤酒或者是棕榈酒，但有一位叫恩西苏阿蒙（Nsisuamon）的抄写员从不去酒馆。某一天,他恍恍惚惚地回了家。距离发薪水的日子还有整整十天,而从前的积蓄又都花光了。家里已经没有食物了,他也找不到人去借。

与恩西苏阿蒙情况相反的是,有些抄写员非常富有,甚至拥有属于自己的庄园和宅邸。例如,有一位叫纳赫特穆特(Nachtmut)的抄写员,他同时也是皇室粮仓的管理员。但人们私下里都说他监守自盗,以至于在城里找不到比他更富有的人。

恩西苏阿蒙离开学校已经七年了,他经常回顾这些年发生的事。在这过去的七年间,他一直艰难度日。但他在学校的时候可不是这样的,人们都认为他会有一个美好的前程,因为没有谁比他更聪明。

第二天,恩西苏阿蒙强撑着爬起床,穿上草鞋,又开始了一天的工作。他在书卷前坐了一整天,不停地阅读和眷写智者们的教诲:

> 不要终日游手好闲,那会伤害你的身体;
> 用你自己的手去写,用你自己的口去读,听取长辈们的意见;
> 男孩子的耳朵长在背上,打他才能听进去;
> 如果你在街上游荡,我就捆住你的脚,用皮鞭抽你……

恩西苏阿蒙和他的同事们对皮鞭都不陌生，那是用河马皮做成的。要知道，在学校里，皮鞭也是一种教学工具，就像那些写满名言警句的莎草纸一样。但他那优异的成绩可不是拜皮鞭所赐。他清楚地记得父亲送他上学时对他说过的话：我把你送进学校，和贵族子弟们一起学习，就是为了让你接受教育，将来做一名出色的文士。父亲还经常对恩西苏阿蒙说，人家是出于怜悯才让他上学的，要知道，学校可不是为贫民家的孩子准备的。

恩西苏阿蒙在学校里非常用功，他的读写成绩比所有人都好。他熟练地掌握了各种书写技巧，他能背诵出所有誊写过的书籍的内容。他的算术和几何也比其他人好，所以没有人比他更清楚，如何将一百个面包分给五个人，并使其中两个人所得的面包是其余人的七倍。

现在他终于相信了，这种事情不只是发生在课本里，在现实中，面包的分配也是不公平的。而他，恩西苏阿蒙，正是那个所得最少的人。

不过，恩西苏阿蒙已经不再沉湎于那些痛苦的思考之中了，他记得书里的一句话：如果一位文士能在都城里找到份差事，那他就不会叉穷，哪有不受国王俸禄的文士呢？

他脚步轻盈地回到了家里，等待他的是妻子，还有六岁的儿子——未来的抄写员。他已经上学了，还学会了用他那不太灵巧的手在泥板和木片上写些歪歪扭扭的字母。

第四章 蜡之书

蜡烛是一种我们都不陌生的东西，但用蜡做的书恐怕就很少有人见过了。这种书像奶油一样，可以熔化，这大概是比"石之书"和"带之书"都要奇怪的东西了。

很少有人知道，"蜡之书"是古希腊人的发明，而且这种书一直被使用到法国大革命时期，甚至到19世纪初还在使用。

"蜡之书"看上去就像一幅小插画，但它是写在小木板上的，尺寸和我们现在的口袋书差不多。每块小木板的中间都被刨出一个方形的凹槽，里面填充了黄色或黑色的蜡。

小木板同一侧的两个角上分别有两个小孔，细绳可以从这里穿过，并把几块小木板连成一本书。书的"封面"和"封底"都没有涂蜡。把书合上后，你也大可不必担心写在蜡表面的字会被抹掉。

那么，人们是用什么方法在蜡上写字的呢？

当然，肯定不是用墨水。实际上，人们在蜡上写字时，用的是一种特制的小铁棒，在古罗马，它被叫作"铁笔"（Stylus）。它的一头是尖的，另一头是圆的。尖头用来写字，或者更准确地说，是在蜡表面刮字。而圆头则用来抹去不需要的文字，这也可以看作是橡皮的祖先了。其实在早些时候，人们在蜡上写字时用的也不是铁棒，而是指甲。例如，在古希腊，审判员们在投票表决时，就会用指甲在蜡片上画线，短线代表"无罪"，而长线代表"有罪"。可以想象得到，审判员们的指甲上总是沾满了蜡。

蜡片是很便宜的东西，因此它的应用也很广泛，草稿、笔记、账簿、收据，甚至信件都可以用它来写。相比之下，由于莎草纸造价昂贵，因此只用来著书。

蜡片受欢迎的另一个原因是它具有很强的耐用性，可以反复使用。例如，古罗马人在读完一封用蜡片写的信后，会把上面的字迹抹去，然后再写上自己的回信，把它重新寄出去。当时有一位青年作家曾建议：多做些尝试吧！实际上，他的意思是说，可以用铁笔在蜡片上反复写作，反复修改。

时至今日，铁笔早已不再使用了，但人们在形容一个人的写作能力强时，依然会说：他的笔法很好。

然而，蜡容易变形的特点也使得它在使用时并不总是很方便，也确实发生过重要的机密信件被送信人中途篡改的事情。后来，为了防止类似的事情再次发生，人们想出了这样一个办法：在已经写好的信的表面覆盖一层新蜡，并在上面写一些无关紧要的话，例如，"你好，近况如何？来我这里吃饭吧……"收到这样的信后，人们会小心地刮掉最外层的蜡，阅读下面的文字。这样看来，那个时代的信件有点像现在的楼房，是分层的。

刻在石头上的拉丁字母棱角分明，写在莎草纸上的字母更加圆润，而转移到了蜡上，字母就变成了难以辨认的草书。

要识别古罗马人写在蜡上的字迹，就只能依靠专业的古文字学者。像我们这样没有受过专业训练的人是很难理解那些看上去像逗号或钩子的字迹的。

如果亲自尝试一下，你们就会发现，要在蜡上流畅地写出圆润、标准的字母并不是一件很容易的事。

直到铅笔被发明出来，同时纸张也变得足够便宜，我们才彻底摆脱了蜡片。要知道，在几百年前，每个学生的腰带上都是挂着一块蜡片的。

在德国吕贝克市的圣雅各布教堂附近的排水沟中，人们发现了很多被学生们写过的蜡片。同时，这里还找到了很多尖头铁笔和刮羊皮纸用的小刀。此外，还有专门用来打学生手指的小木棍。看来，在那个年代，学生要经常遭受体罚。也许，他们每天早上说的不是"我去上学了"，而是"我去挨打了"。

在一本差不多有一千年历史的拉丁文课本中，人们找到

了一段老师和学生们之间的对话:

> 学生:我们请求您教我们说拉丁文,因为我们年纪小,没有办法学会它。
> 老师:你们不怕在学习时遭受体罚吗?
> 学生:为了学习而遭受体罚总比愚昧无知强……

后面的对话也是在这种氛围中进行的。我们可以想象一下学生们上课时的情形:他们盘腿坐在地上,膝盖上放着双扇的蜡板;他们用左手扶着蜡板,用右手记着老师讲课的内容。

使用蜡板的不只有学生,教会的僧侣们会用蜡板来记录礼拜仪式,诗人用蜡板写诗,商人用蜡板记账,贵族的公子哥们则用蜡板来鸿雁传情或下决斗战书。

制作蜡板的材料也各不相同。大多数蜡板是用普通的榉树木材制成的,人们把木材表面磨光,在上面涂上混着猪油的蜡,为了让它保持坚固,还会在外面套上一层皮革。与之相对的是,有些蜡板是用更加名贵的红木制成的。当然,最奢华的蜡板是以象牙为底料制成的。在13世纪的巴黎,还有专门制作蜡片和板材的工匠作坊。

那么,这么多的蜡片现在都在哪里呢?实际上,它们早就被销毁或扔掉了,就像我们处理作废的文件一样。所以,古罗马人在两千多年前不经意间写过的一块蜡片,我们现在却需要花上很大的力气去寻找。

保留下来的古罗马蜡片很少,我们现在能找到的大多出土于庞培城银行家盖西里乌斯·尤昆都斯(Caecilius Iucundus)的宅邸。在维苏威火山爆发时,庞培城和附近的埃尔科拉诺城都被火山灰掩埋了。如果没有火山的爆发,这些蜡片大概也不会被保存下来,我们也不可能找到它们。除此之外,在埃尔科拉诺城的火山灰下,人们还找到了二十四卷古罗马时期的莎草纸卷轴。

与毁天灭地的灾难相比,时间的威力可能要更胜一筹。岁月不饶人,同时也会抹去人的记忆,就像刮掉蜡板上的文字一样。

第五章　皮之书

在莎草纸的地位如日中天时,一个强劲的竞争对手出现了,它就是羊皮纸。实际上,在兽皮上写字的做法早已有之,但直到人们学会了如何将皮革加工成更适宜写作的材料后,羊皮纸才正式得到推广和应用。下面,我们就来看看这一过程是如何发生的。

古埃及的亚历山大城,有一座举世闻名的图书馆,里面收集了约一百万卷的莎草纸卷轴。在古埃及的托勒密王朝时期,几位法老都特别重视图书馆的建设。因此,在很长一段时间里,亚历山大图书馆都是世界上最大的图书馆。但随着时间的推移,一座位于小亚细亚半岛帕加马城的图书馆追赶了上来。它的发展惹怒了当时在位的埃及法老,于是他决定对帕加马图书馆进行惩罚。按照法老的命令,莎草纸被禁止向亚洲地区出口。

帕加马城的君主也做出了回应，他命令手下最好的工匠用绵羊或山羊皮来制作书写材料，并以此来替代莎草纸。从那时起，帕加马城便成了全世界羊皮纸的主要供应地，而且这一地位保持了很久。这样看来，帕加马城得以青史留名，还应该感谢羊皮纸的发明。

羊皮纸在很多方面都要优于莎草纸，它更容易切割，而且也不必担心在切割过程中会发生碎裂，即使把它折起来也不会折断。其实，羊皮纸的这些优点并不是一开始就被人们发现了的。起初，羊皮纸也像莎草纸那样被制作成卷轴，但后来人们发现，羊皮纸是可以折叠的，而且可以把折好的羊皮纸裁剪成许多小片，再把它们缝在一起，这样就做成了一本书。

在制作过程中，人们先把生皮（绵羊、山羊或小牛皮）浸泡在水里，以使其软化。然后用刀把皮上附着的肉刮掉，再把它放进混合了草木灰的水中。在这之后，用刀就可以把皮上的毛轻松剃掉。生皮被清理完毕之后，人们会在上面涂上白垩，并用浮石把它的表面打磨光滑。这样，一张轻薄的羊皮纸就制成了，它的表面泛着淡黄色，而且纸的两面都是同样的干净与光滑。

羊皮纸越轻薄就越珍贵，人们也总是想方设法地将羊皮纸制作得更加轻薄，以至于有些羊皮纸手稿可以塞进一个坚果壳里。古罗马演说家西塞罗就曾亲眼见过那种珍贵的羊皮纸手稿卷，上面写满了《伊利亚特》中的整整二十四首诗。

为了获得一张完整的羊皮纸，羊皮的边缘要经过仔细的修剪。然后，把一整张羊皮纸对折，再把其他一些经过同样处理的羊皮纸缝在一起，这样便得到了一本"笔记本"。很多人不知道，俄语中"笔记本"这个单词实际上来源于古希腊语，它的意思大概就是"四裁纸"或其他某种四件组合的东西。

不难想象，"笔记本"之所以被描绘为"四裁纸"，就是因为一本笔记本通常是由四张经过对折的羊皮纸组成的。后来，人们又将羊皮纸对折两次、三次和四次。这样，一张羊皮纸就可以充当四页、八页和十六页的笔记本纸。最终，这种方法演变成了我们现在规定书本尺寸的标准，即四开本、八开本和十六开本。

与莎草纸不同，羊皮纸的两面都可以用来写字，这也是它的巨大优势。尽管如此，羊皮纸依然没能彻底取代莎草纸的地位。虽然对于誊写书稿来说，羊皮纸是一种很整洁的书写材料，但当书稿被送到书商的店铺里后，还是会被转写到莎草纸上。因此，读者读到的作品也都是出现在莎草纸卷轴中的。

然而，随着时间的推移，古埃及作坊里生产的莎草纸越来越少。后来，阿拉伯人征服了埃及，向欧洲出口莎草纸的贸易也就此终止。羊皮纸最终成为胜利者。

当然，这场胜利也充满着遗憾。就在几百年前，伟大的罗马帝国被来自北方和东方的蛮族摧毁，无休止的战争把曾经辉煌的城市变成了不毛之地。受过教育的人和识字的普通人都变得越来越少。当羊皮纸变成了最重要的书写材料后，能读懂上面文字的人已经为数不多了。

罗马书商们的那些大型抄写作坊早已关门，也只有在国王们的宫殿里才能见到抄写员在外交文书中使用着华丽的辞藻和精美的文字。此外，在隐匿于山林和沙漠的修道院中，也能找到一些僧侣，他们认真地抄写着那些拯救灵魂的文字。

我们可以想象这样一幅画面：在一座安静的修道院里，一位僧侣坐在一把靠背椅上，仔细地抄录着圣徒们的事迹。他把每一个字母都写得工工整整，一笔一画都精确到位。而他的书写工具则是用芦苇秆或羽毛制成的笔，笔尖被劈成了两半，以使墨水从中间流出。

他使用的墨水也不同于古埃及人或古罗马人用过的那些，为了适应羊皮纸的特点，人们已经发明出了一种特殊的、字迹更加牢固的墨水，它能完全地渗入到皮质材料中，而且无法被擦除。这种墨水是由墨水坚果的果汁、硫酸亚铁、树脂或阿拉伯树胶混合制成的，即便是现在的墨水也经常会使用这种配方来制作。

有些人可能会认为，墨水坚果就是生长在墨水树上的果实。但实际上，并不存在"墨水树"这种植物，就像不存在"牛奶河"或"果冻岸"一样。严格说来，墨水坚果其实也不是一种坚果，而是生长在橡树树皮、树叶或树根处的赘生物。这种果实的汁液和硫酸亚铁溶液混合在一起,就会生成一种黑色的液体,为了提高它的浓度,还需要在其中加入阿拉伯树胶。这种墨水的配方也可以在古老的俄罗斯手稿中找到:

> 首先,把墨水坚果浸泡在葡萄酒中,放置于阳光下或温暖的环境中。然后,用一块布把淡黄色的酒以及从坚果中挤压出的汁液一起过滤到另一个容器中,再向里面加入已经染成黑色的硫酸和面粉,用勺子搅拌均匀,重新放置在温暖环境中数日,直至墨水形成。
>
> 在此配方中,需要尽可能多的坚果,并使它们全都浸泡进酒中。硫酸要缓缓倒入,直至适度为止。书写时,如果发现墨水还不够黑,可以加入适量的树脂粉末。这样,书写出的字迹会更令人满意。

古时候的墨水与我们现在使用的不同,它有一个很奇怪的特点:用这种墨水书写时,起初的字迹显得很淡,要过一段时间后,字迹才会变黑。而我们现在使用的墨水之所以效果更好,是因为其中添加了一些颜料。所以,无论是对书写者还是对读者来说,它都很方便。

好了,说完墨水,我们再回到僧侣的话题上来。在开始书写前，僧侣先要仔细地在纸上画线。为了完成这一工作，他还特意准备了一根小铅棒。实际上，这就是铅笔的祖先，难怪现在的德国人还把铅笔叫作"铅棒"（der Bleistift）。

他首先用直尺在纸面上画两条竖线，然后再画出横线。铅字的痕迹很淡，但对于用作规范书写的格线来说，这就足够了。在一段祈祷之后，他便动笔写作。在每一章节的第一句话中，他都会用一个大写字母来书写第一个单词的首字母，有时候他还会把大写字母画成一些具体的形象。例如，他会把大写的"S"画成两只正在缠斗的公鸡，把大写的"H"画成两个正在打斗的战士。有些抄写员会把大写字母画成一幅完整的插图，而有些抄写员甚至会画出一些连做梦都想不到的东西，例如长着人头的狮子，长着鱼尾的鸟，或是长着翅膀的牛，总之，全部都是稀奇古怪的形象。

一般情况下，大写字母不会用黑色墨水来书写，而是用彩色的墨水——红色、绿色、蓝色，其中以红色居多。这就是我们现在有时把每个段落的第一行称为"红行"的原因，虽然书中所有的字母都是一个颜色的。

但现在的红行和中世纪的红行还是有区别的，我们总是要在红行之前空出一定的空间，而中世纪抄写员的做法则完全相反，他们的红行一定是写在羊皮纸最上面的空白处的。因此，古时候的红行比文章中的其他行都要长。

在绘制完首字母或是为首字母留出空白（方便其他人绘制）后，僧侣便开始一行接一行地抄写其他文字。

为了不出现任何差错,他的工作进行得非常缓慢。在那个年代,书面语写作只使用拉丁文,而精通这门语言的人并不多。在抄录一些不认识的单词时,很容易犯错,我们也确实在中世纪的文稿中发现了很多错误。如果一个抄写员发现了一处错误,他就会用小刀把文稿中错误的地方刮掉。这种小刀和我们现在使用的铅笔刀不一样,它不能折叠,刀尖的一端较短,刀面更宽,像一片叶子。抄写员把字母一个挨一个地紧密排列在一起,羊皮纸很珍贵,所以要充分加以利用。毕竟,要写一本厚厚的书,就需要一大群羊。当然,也有虔诚的信徒把羊皮纸作为礼物送给修道院,例如那些洗劫了大量财富的骑士、衣锦还乡的商人,以及来修道院祈祷的贵族。但这种事情并不常见。

为了节省羊皮纸上的空间,抄写员会把很多单词进行缩写,例如把"person"写成"pn",把"people"写成"pe",把"Jerusalem"写成"Jm"。

僧侣要花上几周甚至几个月的时间来做这样的工作,如果要抄写一本有五百页的大书,至少需要一整年的时间。长期的工作会使背部疼痛,眼睛干涩流泪,但他从来没有抱怨过。他知道,自己是在从事一项神圣的工作,神在看着他,计算着他写了多少字,画了多少条线,翻过了多少页。他写下的每一个新字母,都是对过往罪孽的救赎。这位谦卑的僧侣总是认为自己罪孽深重,如果得不到救赎,他就会堕入地狱,等待着他的将是烈火的炙烤和魔鬼的折磨。

不知过去了多久,他想休息一会儿,舒展一下筋骨。但对于一名僧侣来说,这是一个邪恶的念头,他总是能听到,他的周围有魔鬼在窃窃私语。不久前还有一位僧侣说,他听说有人亲眼见到了一大群魔鬼,长着老鼠的面孔,后面拖着长长的尾巴。这些家伙的目的就是来打扰僧侣们神圣的工作,拽住他们的双手,打翻墨水瓶,在书页上留下污点……

工作终于结束了,每一页上都闪烁着红色和蓝色的字母。他深情地注视着书页,仿佛那里是一片开满鲜花的田野。

这本书凝聚了他多少心血啊!在无数个不眠之夜里,他爬起床,点燃蜡烛,伏案工作。窗外风声作响,墓地里传来阵阵的呻吟和哀号,灯下的鹅毛笔在不停地前进着,一行行新的文字出现在了泛黄的羊皮纸上。这一刻,魔鬼与天使在争吵,一位负罪的僧侣也加入进来,而这一切都会被记录下来。

书中有这样一段文字:

> 光荣的蒙难者啊,您记得这位罪孽深重的人吗?他在书中讲述着您的伟大与神奇。愿您的丰功伟绩助我进入天国,救我脱离罪恶的惩罚。

在古罗斯,抄写员也曾由修道院中的僧侣来担任,他们写作时用的是"牛皮纸"。虽然这种纸是用小牛皮制成的,但人们还是习惯把这种纸与其他书写材料一起称为羊皮纸。在古罗斯地区，书写用的羊皮纸和笔大多是从拜占庭帝国进口的，而且非常昂贵。除羽毛笔和芦苇笔外，有时候抄写员还会使用毛笔。古罗斯的抄写员也会把各个首字母绘制成精巧的形状，然后涂上红色或金色的颜料。在书中，我们会找到各式各样的字母，有些像走兽，有些像飞禽，还有一些像花朵。抄写员还会把书名或章节的题目写成连体字，也就是把几个字母并排缠绕在一起。这样一来，虽然文字看上去充满美感，但同时也增加了辨认其内容的难度。

几个世纪后，其他的神职人员也加入进了抄写员的行列。他们的工作目标除"拯救灵魂"外，还包括出售图书。

社会越是发展，对书籍的需求就越大，书籍开始在市场上公开售卖。在书店里，不仅有福音书和圣礼记，人们还可以买到小说和故事集。

城市与国家间的贸易规模也在扩大，一些抄写员开始转向写商务信函。

在贸易往来中，受雇的抄写员没有时间去绘制精美的字母，所以，我们就会在书本和卷轴中看到原本清晰的"规范"文字被那些不太准确的"半规范"文字所代替，继而又流行起了狂放不羁的草书。抄写员在纸面上笔走龙蛇，因此我们看到了长出尾巴的"R"和扭曲的"S"。

按照当时的习惯，在抄录祈祷书时，受雇的抄写员会在结尾处写一些介绍自己的话。抄写员也认同，抄录书籍是一项神圣的事业，但同时他也不会忘记那些世俗的福利——他的工作是有报酬的。

例如，一本德国祈祷书的结尾是这样写的：

> 公元1475年夏天，圣托马斯节后的第十二天。此祈祷书由来自列支敦士登的苏黎世居民约翰·格尔弗抄录完成。此项工作受家兄马丁的雇主、菲森骑士团指挥官委托完成，以拯救其父母及全体家人的灵魂。本书售价五十二盾。先生们，请为抄写员祈祷！

也有一些抄写员以一段轻松的文字来为自己的作品作结。例如：

> **本书到此结束。钱拿好。**

或者是：

> **工作完成，去喝一杯。**

用羊皮做成的书又是什么样子的呢？

不难想象，它是一本装订起来的大部头，又厚又重，用两块坚硬的皮革作为封面和封底，内侧是用布料缝制成的衬里。

我们见过的书都是装订好的,但你们知不知道,为什么书的封面和封底都要比书页边缘高出一些呢?另外,书脊上的滚轴又有什么作用呢?

实际上,每一处细节都是有意义的。

在羊皮纸书时代,在书脊上安装滚轴是为了隐藏缝制书页时留下的粗线结。而高出一截的封皮则是为了保护书页的边缘免受磨损。同时,为了避免封皮出现划痕,人们又在书的表面覆盖了一层铜板,并用圆钉加以固定。

这样的书看起来更像是一个小箱子,特别是书表面的圆形扣钉更是增加了几分形象感。当然,如果没有这些扣钉,这么大的一本书肯定不会牢固。

还有一些更加贵重的书的封皮是用彩色的上等皮革或天鹅绒制作的,上面还装饰着各种金银珠宝和钻石。这种奢华的书籍是专门为王公贵族们准备的,它们不仅有华丽的封皮,而且每一页纸都镀了金粉或银粉,看上去闪闪发光。有些书籍保存了下来,它们是用染成紫色的羊皮纸做成的,里面的字母全部是金色或银色的。随着时间的推移,紫色逐渐转变成暗紫色,金色或银色的字母也褪去了光泽。但遥想当年,翻开这样的一本书时,它必定是熠熠生辉,光彩夺目,如同晚霞一般。

一本大而优美的装订书通常并不是由一个人制作完成的,它需要由六七个人共同配合。一个人负责切割羊皮,另一个人把它打磨光滑,第三个人抄写文字,第四个人绘制首字母,第五个人画插图,第六个人进行校对,第七个人负责装订。但也曾有过一个人完成上述全部工作的情况。

现在,我们每个人大概都会拥有几十本书,但在古时候,书籍是稀少而又贵重的东西。在有些图书馆,为了防止贵重的书籍被盗,管理员会用铁链把它们锁在桌子上。实际上,这种做法起源于十八世纪的巴黎医学院。

另外,在我们的学校里,依然在使用"讲课"和"听课"这样的词汇,要知道,这种表达方式也是有渊源的。在书籍还属于奢侈品的年代,学生们是买不起书的,他们只能在课堂上听老师阅读和讲解书里面的内容,所以也就有了今天我们熟悉的说法。

第六章 纸的胜利

就如同羊皮纸战胜了莎草纸一样,在历史的竞争中,羊皮纸的统治地位最终还是被我们今天所熟悉的纸取代了。

纸是由中国人发明的,大约在两千年前,当欧洲的希腊人和罗马人还在用埃及的莎草纸写字时,中国人就已经掌握了纸的生产技术。

中国人把竹纤维、植物和碎布当成生产纸的原材料。他们把这些东西混合在一起,放进石臼中,加入水,再把它们研磨成糊状,这种物质就是纸的来源。

中国人造纸的模具是一个底部带有筛网的方框,筛网是由细竹棍和丝线编织而成的。他们把搅拌好的糊倒入模具中,然后不停地晃动模具,以使纤维缠绕在一起,形成一个完整的编织物。模具中的水会从网中渗出,留在模具中的是一张潮湿的纸。人们小心地将纸页取出,放在阳光下进行干燥。最后,用木制压机把干燥的纸压平。这样,一张纸就制成了。

造纸术是一项伟大的发明!除此之外,在瓷器、印刷术和火药的发明和生产方面,中国人也要领先于欧洲人。可以说,这是一个充满智慧、耐心和创造力的民族。

又过了很久,纸从亚洲传入了欧洲。

公元704年,阿拉伯人征服了中亚的撒马尔罕城。他们众多的战利品中,就包括了造纸术。随后,在被阿拉伯人征服的国家(西西里、西班牙、叙利亚)中出现了造纸场。有趣的是,位于叙利亚的班毕城(Bambycina)内有一家造纸场,这里生产的班毕纸同其他来自东方的商品(例如丁香、胡椒、香精油等)一道被阿拉伯商人带到了欧洲,而"班毕"的发音和俄语中"纸"的发音(bumaga)非常相近。也许,它们之间有一定的联系吧。

当时最好的纸是产自巴格达的纸,它以大张的形式出售。埃及也生产很多种类的纸,既有大尺寸的亚历山大纸,也有用于飞鸽传书的小片纸。这种小片纸主要由破旧的碎布制成,所以在生产出来的纸上,有时还能看到一小块布。

又过了几个世纪,欧洲出现了自己的造纸场,也有人把它们称为"纸磨坊"。到了13世纪,在意大利和法国都能找到这种纸磨坊。

有些时候,历史学家们会找到一些旧的信件或历史记录,但这些文字中都没有记载它们写于何年何月。

那么，历史学家如何确定它们的年代呢？

一般在这个时候，学者们会把注意力转向承载文字的纸张，他们会把写有文字的纸放置在特殊的光线下，然后就能得出结论：这段文字写于某个时代，因为这张纸是用那个时代的材料和工艺制成的。当然，上面文字的写作时间一定会晚于这张纸的生产时间。

问题又来了，学者们是怎么知道这些信息的呢？他们在纸上看到了什么呢？

他们看到的是透明的水印标记。

每一名造纸的工匠都拥有自己的标记，相当于个人的商标。通常情况下，一名工匠除自己的标记外，还会留下生产的年份和自己的姓氏。每个人的标记都是不一样的，有的是一个人的头，有的是一只鹿，有的是灯塔，还有骆驼、手套、独角兽、美人鱼，甚至有长着翅膀和鸟头的狮子，以及头戴三重冠、手里拿着钥匙的罗马教皇形象。

制作水印标记的方法是这样的：因为纸是在带有滤网的模具中制作的，所以使用编织滤网的细线就可以做出各种标记。工匠们把滤网中某一位置的细线编成特定的形状，这样在纸的某一位置就会出现不同于其他地方的标记。因此，在光线下观察纸时，人们除了会看到透明的纤维，还会发现在某一位置有一些特殊的水印标记。

最古老的水印标记是一个"环形"，它来自一张生产于1301年的纸。这张纸是在14世纪由德国商人带到我们这里的，但它生产于意大利。

16世纪时，旅行家巴尔贝里诺（Barberino）来到了莫斯科。他在日记中写道，"他们也打算制造纸张，但这是不可能的，因为他们还没有掌握这项技术"。

俄罗斯的第一座纸磨坊建造在乌恰河畔，距离莫斯科有三十俄里，但它不久就被关掉了。过了一百年，帕赫拉河畔又出现了一座纸磨坊。由于它紧邻一座面粉磨坊，因此那里的面粉工人便成了造纸工匠的助手。1657年春天，磨坊被洪水冲毁，但没过多久，亚乌扎河畔又新建了一座纸磨坊。

这座造纸场中生产的纸张尺寸更大，其中的水印标记有点像荷兰阿姆斯特丹市的市徽（两只狮子簇拥着一块盾牌）。但这个水印标记很粗糙，狮子的形象还可以辨认出来，但盾牌则完全失去了它应有的样子。尽管如此，我们的纸磨坊还是努力地仿效荷兰纸的样式在生产纸张，而荷兰纸也被认为是当时最好的纸张。

起初，纸张并不为人们所接受，人们只用它来书写那些不打算长久保留的文字。如果要写一本书，依然使用的是羊皮纸。但随着时间的推移，纸张变得越来越便宜，质量也越来越好，因此昂贵的羊皮纸就被挤到了一边。有人开始尝试用纸来抄写书籍，但出于稳定性的考虑，人们还是会在两页纸的中间加入一张羊皮纸。

时间又过去了一百年，羊皮纸书终于变成了稀有之物。当然，这在很大程度上要仰仗贸易的发展。

商队沿着大路从一个城市走到另一个城市，载着商品的船只穿越江河湖海从一个国家驶向另一个国家。随着贸易、集市、交易所、货仓、商船与商队的发展，各种收据、汇票、商务信函和分类账簿等也开始出现和扩散。这些文件都需要用纸来记录，同时也需要更多有文化的人。这一时期，受过教育的人已经不再限于修道院中的僧侣了，普通的学校和大学随处可见，渴望知识的年轻人从各地汇聚到大学城。在巴黎的塞纳河左岸，大学生住满了整整一个街区，现在这个地方也被称为"拉丁区"。

这些躁动不安、积极乐观，又对知识如饥似渴的年轻人需要大量的书籍和笔记本，可这些贫穷的学生怎么可能负担得起羊皮纸书呢？最终，还是廉价的纸张拯救了他们。

抄写书籍的不再是修道院的僧侣了，而是变成了那些充满活力又争强好胜的大学生们。

大学生不是太在意文字的美感和清晰度，他们经常调皮地把首字母绘制成一张伸着舌头的小脸、圆滚滚的小动物，或者是形象怪异的教授等。

他们对书籍也缺乏敬畏，在课本的空白处，他们会画上一些丑陋的小矮人，并在旁边肆无忌惮地写一些粗鲁的词汇，例如"胡说八道""愚蠢至极""一派胡言"等等。

我们来看看这样一位学生，他正坐在自己的小屋里写着什么。他面前放着一个犄角形状的墨水瓶，瓶子底部嵌入到了桌面的凹槽里，他房间里还有一盏熏黑了的油灯，他的腰带上挂着一个皮制的笔盒，里面有几支鹅毛笔。虽然已经是深秋时节，但他的房间里并没有取暖设备。昨晚，他试图从码头的驳船里偷几根原木回来，但被守夜人发现了，还挨了打。现在，除了一些面包干和一杯水，他就再也没别的食物了。

他看上去就像一个瘦弱又衣衫不整的僧侣，剃得干干净净的头顶表明他是从一所初级学校毕业的。但除发型外，在他身上找不到任何修道院的痕迹。他身上还有些伤疤和瘀青，那是在小酒馆里和别人打架留下的。

对于那个时代的学生来说，生活没有什么甜蜜可言。首先，在修道院学校里，学生们会受到各种各样的体罚。毕业后，学生变成了教师，但并不会有固定的工作场所，为了谋生，他不得不游荡于乡村和贵族庄园之间。有的时候，他会找到一份有收入的教师工作，但大多数时候还是要忍饥挨饿，露宿街头。在不得已的情况下，他甚至还要做点偷鸡摸狗的事情。接下来，他可能会成为一名教堂里的撞钟人，在各个节日里撞响钟声，提醒人们去教堂。最后，他可能会来到一座大城市，进入一所大学，他的同乡们接纳他进入他们的团体，还给他起了个绰号，就像"大主教"之类的，他喜欢就各种学术问题和别人辩论、争吵，喝酒与打架也是家常便饭。哪家酒馆不认识"大主教"呢！如果喝酒也是一门功课，那他称得上是一等一的好学生，只不过钱袋子总是捂不住。他偶尔也会找到份临时工作，比如为附近的居民抄抄祈祷书和赞美诗之类的事情。

这些情景在他疲惫的脑子里徘徊不去,而写字的手却移动得越来越慢。他的脑袋终于还是垂到了桌子上,有节奏的鼾声代替了笔尖的沙沙声。油灯冒着烟,烟灰落在了墙壁上。令人讨厌的老鼠在角落里吱吱地忙碌着,它们正在偷吃面包干——没错,就是这位学生明天的午饭。但他对这一切都毫无觉察。他睡得正香,还做了一个梦,梦里他戴着一顶圆形的学士帽……

就在差不多同一时期,在德国的美因茨,一位名叫约翰内斯·古登堡(Johannes Gutenberg)的人正在研究他刚刚印刷出来的一本书,这是世界上第一本出自印刷厂的书。从字母的形状上看,印刷出来的文字和手稿有相似之处,但它们之间的差别即使在远处也能用眼睛辨认出来。印刷出来的黑色字母笔直挺立,就像列队前进的士兵一样。如果与抄写员的笔展开竞争,印刷机可以轻松完胜。很明显,在印刷机上可以几天之内完成的作品,抄写员要花上几年时间。

起初,抄写员依然坚持参与书籍制作的工作,因为当时印刷出来的书没有那种精心绘制的首字母,抄写员就会把书里印刷出来的首字母全都擦掉,然后再用颜料把它们都勾勒出来。但这样做会使一本书变得十分昂贵,因此,为了节省成本,人们常常在首字母的位置上留出空白。

随着技术的发展,印刷书籍和手稿之间的相似性越来越小，印刷的字体也在不断地发生着变化。手工书写小写字母有一定的难度，但印刷机却能毫不费力地完成这项工作。更加紧凑的小写字母也使从前那些厚重的大部头变得更轻巧了。

在手抄书中，每一幅插图都需要画家去亲笔绘制，但在印刷书籍中，手绘插图被雕版画取代了。印刷机也能完成画家的工作，它在几个小时内就能完成一百张雕版画，而又无须增加任何费用。

这些优势都使得书籍变得更加便宜，即便不是所有人，也是大多数人都能负担得起这方面的开销了。但富人们却不是很欢迎这些变化，他们把这些印刷出来的书视为"穷人的东西"。即便是买了一本印刷书，他们也会委托画家用颜料在里面画一些插图，让这本书看起来更加有价值。

与此同时，书里面还出现了越来越多的新事物。

今天，当我们翻开一本书时，并不会对里面的标题页和目录感到惊讶。我们也会很自然地认为，每一页上都应该有页码。当看到逗号时，也不会好奇地问这是什么。

然而，在那个年代，标题页、目录、逗号和页码可都是印刷业带来的新事物。

下面，让我们来看看它们是如何诞生的吧。

首先，标题页大约出现在 1500 年。从前，在手抄书盛行的年代，大部分书籍都不是直接出售的，而是按照订单生产出来的，所以，抄写员无须对他的书进行专门的宣传，他只需要把自己的签名连同时间和地点等信息写在手稿的末尾就可以了。

但印刷工匠们则要面对完全不同的问题了,他们印刷出来的成千上万本书是要卖给潜在顾客的,而不是按照固定客户的订单生产的。那么,如何寻找潜在顾客呢?当然是要用有趣的标题来吸引他们的注意,而且这些标题一定要醒目,一定要出现在第一页上。

在标题页上,除了书名,还会向读者展示其他一些信息,例如这本书的大致内容、它的作者、它的出版地点,以及印刷它的工匠是谁。书的标题页上大约有五六行的内容,通过它们就能了解一本书的主要信息了。

标题页一般会被挂在书店门口,这也是一种宣传新书的方法。

那逗号又是谁发明的呢?

逗号出现在15世纪与16世纪之交,是由一位名叫阿尔多·马努乔(Aldo Manuzio)的威尼斯印刷商发明的。在逗号出现前,书里一般只有两种标点符号:句号和冒号。不但如此,马努乔还开始在书里加进了目录。而书页的页码也是在16世纪出现的。

在这种情况下,不但书籍发生了变化,买书的人也和从前不一样了。过去,是修道院里的神甫向抄写员订购圣礼记,或者是贵族夫人专门派仆人去预定带天鹅绒封皮的祈祷书,神学家也会去购买教父们的大部头作品。但印刷书的买家则是完全多元化的，各个书店里都挤满了大学生和市民，人们不仅在书架上寻找大部头的神学作品，各种小册子也很受欢迎。里面的内容也是丰富多彩，有古希腊和古罗马作家的作品，有骑士小说，有编年体史书，还有各种尖刻的政治批判文章。

当然，在那个年代，大部头的神学作品总是比那些内容轻快的小册子寿命长久。尽管那些小东西总是与世无争地躺在书架上，但它们却经常成为被猎杀的目标。如果有些书不幸进入了教皇的禁书清单，那么它们就会因"有辱圣洁"的罪名被统统销毁掉。

为了瞒天过海，印刷工匠们想出了各种各样的办法。例如，如果印刷了一本内容"自由"，甚至是攻击宗教的书，他们就会在前言中写道：某位圣徒也对这本书爱不释手，睡觉的时候都要放在枕下，须臾不肯离开。

在俄罗斯，第一批印刷商也不得不与那些身着长袍的宗教人士进行斗争。

俄罗斯的第一部印刷品是在伊凡四世执政时期（1547—1584）完成的，目的是"净化人们的心灵并纠正文士们的错误"。

俄罗斯的第一座印刷厂就位于莫斯科的克里姆林宫附近，是一座带有钟楼的高大建筑。伊万·费多罗夫和他的同事彼得·姆斯蒂斯拉维茨被委派负责印刷厂的建设工作。费多罗夫是一位受过教育的人,他对书籍颇有研究,也熟悉机械制造,还当过木工、画匠、雕刻师和装订工。

印刷厂建造了十年,终于在1563年,第一本书正式开始印制。费多罗夫亲自参与设计印刷机,亲自浇铸字母模具,亲自排版,亲自校对。印刷出来的第一本书题为《使徒行传》,这本书整整印制了一年。其后,又陆续有其他书籍被印刷出来。

印刷厂不停地工作着,印刷出来的书籍得到了巨大的支持,但同时也有不少反对者。

沙皇伊凡四世本人是印刷书籍的支持者和赞助人,他几乎是在成立禁卫军的同时就决定要建立印刷厂。沙皇很清楚,书籍是一种强大的武器,可以用来打击他的对手——俄国的封建贵族。

不言而喻,俄国的大贵族和僧侣就是印刷书籍的反对者。当时的大贵族反对沙皇的所有主张,而僧侣们则不愿放弃对书籍的垄断权力,他们担心印刷机会让所有人都能识字。一位曾旅居莫斯科的英国人吉尔斯·弗莱彻(Giles Fletcher)写道:"俄国的僧侣对外部世界一无所知,并且竭尽全力地阻止知识的传播……他们还向沙皇进言,说教育上的成功会使国家陷入巨大的灾难之中。"

在弗莱彻的记录中,我们还能看到这场斗争是如何结束的:

"一天夜里,印刷厂失火,印刷机与书籍全部被焚毁,有人说，这是僧侣们所为。"

这之后，伊万·费多罗夫和他的同事也不得不流亡海外。他们在一本书中曾这样写道："仇恨将我们驱逐出自己的祖国和故乡，并将这些未知的新事物带到了其他国家。"

然而，俄国的印刷事业并没有就此一蹶不振。几年后，莫斯科又开始重新印刷书籍。

谈了这么多关于印刷的故事，我们差点儿把本章的主人公——"纸"给忘了。

印刷书籍需要大量的纸张，甚至可以这么说：没有纸，也就没有印刷出来的书。

起初，人们想把文字印在羊皮纸上，但羊皮纸书造价太高，要比纸质书贵三倍。因此，在印刷方面，纸毫不费力地战胜了羊皮纸。

在 17 世纪的俄罗斯，纸张已经开始了大量的应用，印刷出来的纸质书籍在莫斯科的书店里就可以买到。除此之外，纸张还被政府部门用来书写公文。与纸张一同出现的还有它的衍生物——各种繁文缛节的官僚程序，很多事情的处理都是一拖再拖。

17 世纪，曾有一位旅行家造访了莫斯科的官僚机构，他为我们留下了这样一段记录：

> 我参观了这栋楼里的办公室，它们都位于一

个个的拱门下,每个办公室里都有一扇小窗户,看上去有点像牢房。有些文员正在那里办公,他们每两个人坐在一张长椅上,椅子高低不一,我甚至还看到有个人跪在地上工作。我没看到有上级来下达命令,但他们所有人都很忙,在纸卷上不停地书写着什么。他们摊开或卷起纸卷的动作很灵活。实际上,这些纸卷就是一些被拼接在一起的长长纸条。

在那个时代,俄罗斯的纸张主要来自荷兰。1716年,彼得一世下令在杜杰尔戈弗附近建立了一座纸磨坊。1720年,又在圣彼得堡的加勒尼宫附近建立了第二座纸磨坊。

这些磨坊里生产的纸张上都有一个类似于圣彼得堡市徽的水印标记——锚。按照当时的命令,新生产的纸张将在圣彼得堡的海军军部大厦出售,并为此进行了公开宣传。

随着书籍需求的逐年增加,传统的造纸原料(碎布)已经无法满足生产要求了,显然,人们需要去寻找新的原材料了。在经过多次试验后,木材最终成为新的纸张来源。

在其后的一段时间内,碎布仍然是高级纸张的材料来源,而普通的书写用纸、报刊纸张以及包装纸,都是以木材为原料制成的。

从表面上看,纸张似乎和碎布或木材毫无相似之处,但在实质上,它们之间却有着很大的共性。如果仔细地观察一下火柴棍或是从碎布上抽出的线,我们就会看到,它们都是由极其细密的纤维组成的，而纸张也正是由类似的纤维物质制作而成的。如果从一张纸上撕下一块来，并在灯光下观察它的边缘，就会看得更清楚了。

造纸的基本方法就是将布或是木材搅碎，让它们变成独立的纤维，然后把这些纤维从树脂、污垢和灰尘中清理出来，再将它们重新排列在一起，组成一块平滑而又细密的物质——纸。

这一过程是如何实现的呢？

让我们从头开始。一件衬衣穿了很多年，逐渐老旧了，最后变得破烂不堪。它会和其他废料一道被送进仓库。在那里，各种碎布料会被分开清理，然后把它们放进不同的袋子里，送进工厂。

在工厂中，人们先将废布料送入蒸汽室，用高温蒸汽来杀死布料上的有毒物质。它们毕竟是来自一些污秽的地方，例如脏水坑、垃圾场，或者是医院的废品站。

然后，人们会将废布料烘干，并将其中的尘土清理干净。工厂中有专门的机器来完成这些工作，它每天可以清理出大量的废布料。这道工序完毕后，布料会被送进粉碎机中。片刻之后，它们就会被切割成细小的碎块。

接下来，需要把碎布中多余的杂质清理掉。工厂中专门有一台大型锅炉来完成这项工作，人们将碎布混合进碱液或石灰中一起煮沸，再将煮过的碎布漂白，并在专用的机器上将它们研磨成纸浆。

至此，前半部分工作已经完成，碎布变成了细小的纤维物质。

余下的工作才是难度最大的一部分——把纸浆变成纸，这项任务就要交由大型造纸机来完成了。

严格说来，这台造纸机并不是一个独立的机器，而是一系列机器的组合。纸浆从一端倒入，纸张成品从另一端输出。

首先，纸浆会流入一个底部带筛网的箱子。当纸浆流过箱子时，混入其中的泥沙就会落在筛网上。

然后，纸浆会进入一个不停晃动的过滤器。纸浆中的结块会被留在过滤器中，而其余纯净的纸浆会通过过滤器另一端的开口进入下一层筛网。

这一层筛网搭在两根转轴上，就像一个传送带，它不停地绕着转轴运动，把纸浆向前输送。

最终，纸浆从筛网中落到一张毛毡垫上，并在上面形成一张潮湿的纸页，毛毡垫载着它继续前进，进入一排滚轴中。有些滚轴负责把纸中的水分挤出，而另一些滚轴则通过加热装置将仍然潮湿的纸张烘干。机器的末端安装了一些裁纸刀，它们把纸裁成需要的尺寸。

也许造纸厂的生产过程对你们来说很无聊，但如果能亲眼观察纸张生产，你们就不会这么想了。

想象一下，有这么一台机器，从一个大厅的一端延伸到另一端，这里看不到任何人，但机器却开足马力全速运转。

这些机器在一天之内就能生产出数百吨纸，筛网每天运行的距离相当于从莫斯科到圣彼得堡那么远。

用木材造纸的流程也大体上如此，只是前半段工序存在差别。毕竟树木不同于布料。为了把它分解为纤维并除去杂质，需要完全不同的机器和生产方法。

让我们来简要地看看这一过程。

树木生长在森林中，冬天，人们会把它们连根砍倒，去掉枝叶和树冠，然后把它们运到河边。

春天到来时，河水会上涨，原木就会漂到河里。它们会从各个小支流汇聚到一条大河中。在那里，人们会把它们绑到船上运走。几天之后，原木被拉上岸，送到造纸厂。

在工厂中，原木会立即进入加工程序。首先，剥皮机会将树皮剥落，然后，切割机会把原木切成一段一段的木片。接下来，木片会被分类，最后将它们放入硫酸溶液中煮沸。在这之后，木材会得到清洗，再被搅碎，分解为纤维，然后过滤掉其中的结块，最后将它们送入造纸机的筛网中。

从机器的一端进入，再从另一端出来，一棵树就变成了纸。

我们使用的纸有很多优点，但它也有一个不足之处——易碎。这完全是漂白剂造成的，为了使纸张变得更白，人们会把它们放进漂白剂中，而漂白剂中的石灰是一种苛性物质，它会对纸张造成破坏，但又不易被观察到。那么，我们的书籍还能长久地保存下去吗？也许，一位中世纪僧侣书写的羊皮纸手稿会比我们用现代化技术制作出来的书更加长寿。

然而,长期保存书籍和文件的方法还是被人们找到了。1935年,在苏联的一个实验室里,科学家们用一种特殊的安全玻璃制作了一本"书"。里面的文字是用一种特殊的稳定金属写成的,而且它们不是写在玻璃表面,而是融进了玻璃之中。虽然这本书的页面只有一平方厘米,但它却能写下报纸的整整一个版面。要阅读这张报纸的话,必须借助显微镜,但它占用的空间真的是很小。

如果说我们现在使用的纸和印刷第一本书时的纸还有某些相似之处,那么我们现在用的笔则和过去的完全不同了。也许,唯一保留下来的共同点就是"笔"这个名称了。其实这也是常有的事,一个名词总是比它所指代的事物更长寿。

1826年,一种可以冲压钢笔尖的机器被发明出来。从那时起,钢笔开始普及开来,取代了曾为人类服务了一千年的鹅毛笔。

一想到我们曾祖父那一代人还在使用鹅毛笔,就觉得有些奇怪。曾经在圣彼得堡的官衙里,还有专门负责维修鹅毛笔的官吏。其实,这项工作相当复杂,需要很多的技巧。例如,笔尖必须有倾斜度,要尖锐,还要保留一定的缝隙。这可比削铅笔难多了。

说到铅笔,它的历史要比钢笔更久远一些。一位名叫雅克·孔德(Jacques Conté)的法国人最早研制出了一种用石墨粉和黏土混合而成的铅笔。黏土可以降低铅笔的脆弱性，在制作过程中，先把压制好的几根石墨棒放进带有凹槽的黏土板中。然后在上面盖上另一块同样带凹槽的黏土板。把两块黏土板贴合在一起，再把它们放进刨床中。这样，就得到了一根根独立的铅笔。最后，把这些铅笔打磨均匀，放入盒子中。

铅笔和钢笔的统治地位似乎不如它们的前辈——鹅毛笔那般持久和稳固。现在，在办公室中，打字机已经取代了钢笔或铅笔的部分功能。也许有一天，每一个学生都会拥有属于自己的袖珍打字机。

第七章　书的命运

拉丁文中有一句谚语：书有自己的命运。有时候，书的命运比人的命运还要神奇。例如，写在莎草纸卷轴上的古希腊诗人阿尔克曼的诗集，如果不是被埋在地下，它早就消失得无影无踪了。而如果一个人被埋葬，那他真的就是入土为安了。

古埃及有一个习俗，当一个人去世后，他生前的书和手稿要同他的木乃伊一起埋入地下。也正因如此，几千年后，我们还能在一具木乃伊的胸前发现他生前的文字与作品。

古埃及的陵墓中出土了很多书籍，如果它们是被收藏在图书馆里，可能保留不到今天。例如，古埃及最大的图书馆——亚历山大图书馆就在战火中被彻底焚毁了。

历史上，无数伟大的手稿被付之一炬！流传到我们手中的只有它们的名字和目录。而有些书籍注定会像那些刻在墓碑上的名字一样，逐渐消失在历史的长河中，被人们所遗忘。

但有些书籍的命运则令人感到惊异，它们能够幸存下来的原因竟然是有人试图销毁它们。更准确地说，人们试图销毁的不是书本身，而是里面的文字。

中世纪时，羊皮纸非常昂贵，如果偶然发现了一块流传下来的羊皮纸手稿，人们就会用小刀把上面的旧文字刮掉，用圣徒的传记来代替古希腊诗人或古罗马历史学家的那些"渎神作品"。而且，在那个时代，这项工作还是由一群"专业人士"来完成的。

现在，如果我们找不到什么办法来复原那些被破坏的手稿，那它们也就只能是一张张的羊皮了。

好在古人的墨水已经深深地渗透进了羊皮纸中，无论后来怎么刮擦，都不会彻底抹去原有的字迹。人们可以把某种化学药剂涂抹在手稿上，这样，原本是红色或蓝色的字迹轮廓就会显现在羊皮纸上。但别急着高兴，手稿上字迹的颜色很快就会变暗，最后文字会变得模糊不清，无法辨认。这是由化学药剂中的单宁酸导致的。实际上，很多古卷在修复过程中都会遇到这种情况。

但也有人指责参与修复羊皮纸手稿的科学家，认为是他们故意破坏了手稿，因为他们想掩盖在分析古文字时犯下的错误。

近来，研究人员开始使用其他化学药剂来代替单宁酸，它们也可以使文字显现出来。这时，需要人们快速地对文字进行拍照，然后立即清洗掉涂抹上去的药剂。

根据最新的消息，研究人员已经掌握了在不使用任何化学药剂的情况下，用红外线照射来复原手稿文字的方法。在一次具体的工作中，科学家用红外线照射一本西班牙古书，在其中，人们发现了一些黑墨水的涂改痕迹。而如果用肉眼观察，这些痕迹是根本无法发现的。

虽然有些古书遭到了破坏，但也有一些被保存了下来。它们隐藏在埃及的墓穴中，掩埋在赫库兰尼姆[1]和庞贝的火山灰下，或是隐匿在修道院的档案馆里。

有一位名叫希皮奥内·马费（Scipione Maffei）的意大利作家讲述了他寻找维罗纳图书馆的有趣故事。

早在马费听说维罗纳图书馆之前，就已经有一些旅行家在他们的笔记中描述过这座图书馆，说它里面收藏了一些珍贵的拉丁文手稿。马费对这座图书馆的唯一了解来自法国学者让·马比荣（Jean Mabillon）和伯纳德·德·蒙特福孔（Bernard de Montfaucon），他们曾经寻找过这座图书馆，但没能如愿。前辈们的失败并没有让马费气馁，虽然他不是这方面的专家，但依然对这项工作充满热情。终于，他在维罗纳神甫会的藏书库中找到了传说中的图书馆。这座藏书库的

---

1 意大利坎佩尼亚区的古城，位于那不勒斯东南8公里处。公元79年，维苏威火山爆发时，同庞贝古城一起被火山灰淹没。

书柜里似乎并没有书,但在马费到来之前,没有人曾想到过要爬上梯子去检查一下书柜。原来,那些珍贵的手稿就在柜子里,只是存放太久,被灰尘覆盖住了。马费兴奋得差点儿昏了过去,摆在他面前的就是那些古老的拉丁文手稿。

关于古书的奇闻逸事还有很多,每一本被我们发现的古老文献都像一艘船,漂过了风雨如磐的历史海洋。谁能猜到它经历了多少磨难!从火到蛀虫,任何一样东西都能毁掉它。

在我们这个时代,每年都会有成千上万本书被印刷出来。其中,总会有一些书能被保存很久。但在古时候,在那个只有手抄本书籍的年代,一本书如果被毁掉,那就意味着一部作品的彻底死亡,因此,能够真正流传下来的古代书稿非常少。

在古时候的莫斯科,书籍经常被大火焚毁。由于当时的房屋以木质结构为主,即使火光出现在城市边缘,也会很快蔓延到整个城市。

书籍还经常毁于战乱,1382年,蒙古人攻入莫斯科。据一位历史学家的记载,为了保护书籍,人们将从各地收集上来的书集中到了教堂里。但这也无济于事,藏在教堂里的书还是被战火毁掉了。

只有少量的手稿幸免于大火和战乱,流传到了我们手中。这些保存下来的书籍大多来自教会,这很好理解,毕竟只有在修道院里,书籍才能和金银一起存放在专门的库房中。而在发生火灾时，人们最先做的就是把书籍和圣像一起带出来。

人们对待世俗书籍则是另一种态度，这些书一般都是被秘密地抄写和保存下来的。修道院里，严格禁止僧侣们阅读与赞美世俗书籍，阅读世俗书籍被认为是一种罪过。如果修道院的院长发现哪位修士藏有这类书籍，那么他就会受到严厉的惩罚，书也会被烧掉。

在俄罗斯，最古老的手抄本书籍是《奥斯特罗米尔福音书》。

在10世纪，诺夫哥罗德的行政长官奥斯特罗米尔向助祭格里高利预定了一本福音书。这本书的装帧非常考究，纸张被全部涂成了金色，里面绘制了各种精美的插图，各章节的首字母也都得到了精心的设计。

这本书保存完好，并从诺夫哥罗德被带到了莫斯科，停留了数百年后，又来到了圣彼得堡。它曾被保存在诺夫哥罗德行政长官的宅邸中，也曾收藏于莫斯科教会的书橱中，还曾被彼得大帝放置在衣柜中。从那以后，它就被送进了公共图书馆，并一直被保存至今。

世俗书籍的保存则要困难得多，也只有历史学家偶尔能在故纸堆中翻到一些古老的故事集或诗歌。

1795年，俄国历史学家穆辛－普希金（Musin-Pushkin）伯爵在雅罗斯拉夫尔的一位神甫那里获得了几本手稿。经过仔细研究，伯爵发现，这些手稿由八部不同风格的作品组成。首先是创世神话,其中包括了一系列关于犹太和亚述国王的故事,以及"俄罗斯大公编年史"。

其余的作品则完全是另一种风格,里面包括了诸如"印度的故事""菲利普和马克西姆的故事",以及一些传说和童话。其中,最重要的当数关于"伊戈尔远征记"的故事,这也是俄罗斯现存最古老的史诗作品。

在历史学家做出解读之前,要阅读"伊戈尔远征记"是很困难的,它里面包含了大量的古俄语词汇,而且它们的含义也大多被人们遗忘了。

如果这部手稿能保留到现在,那它一定会得到细致而又彻底的研究。但遗憾的是,由于1812年的法国入侵,这部珍贵的手稿毁于莫斯科的大火之中。

"伊戈尔远征记"创作于12世纪,穆辛-普希金拿到的应该是一个副本,因为它是写在纸上,而不是写在羊皮纸上的。

从书的命运中可以折射出民族和国家的命运,书籍不仅是在讲故事和传播教诲,它也参与到战争和革命中,它帮助人民推翻暴君,它也武装被压迫者去反抗压迫者。人们往往可以通过一本书的样式判断出它的立场。

我曾在科学院的图书馆里看到过一些法语书籍,它们出版于1789年大革命前夕。其中有一些是装帧精美的大部头著作,这些书籍代表了保皇派的立场,主要用来歌颂王权。而有些书则很轻薄,很容易装进口袋中,这些书籍属于革命者。它们装订成这样就是为了便于携带,并能在遇到搜捕时把它们隐藏起来。这样看来,即便是书籍样式这样的细节也不是随意为之的。

书的生命和人的生命总是紧密地联系在一起。我想到一个人,他生活在16世纪的法国,他的书全部被烧毁了。1539年,里昂印刷工人举行罢工,这也是历史上印刷工人的第一次罢工。这场印刷商和印刷工人之间的斗争持续了两年之久,但有一位名叫埃蒂安·多莱(Etienne Dolet)的印刷商却站到了工人的一边。最后,罢工以印刷商的胜利告终,工人的诉求遭到了拒绝,而且他们每天的工作时长被定为十五小时。

但这还不算结束,五年后,巴黎大学神学院揭发出版商多莱印刷宣传无神论的书籍。作为证据,他们指出,多莱的一本书中印着这样一句话:死后一切化为乌有。他们指责的正是"乌有"这个词,并指控他否认灵魂的永生。

不久后,法院做出了判决,因"乌有"一词,多莱被判处死刑,并与他的书一起在巴黎的莫伯特广场被烧掉。

看来,这一章注定是要带着遗憾结束了。书是很奇妙的东西,而我却只讲了一点点。